20 世纪 50 年代
苏联专家在中国人民大学

Советские специалисты
в Народном университете Китая
в 50-е годы XX века

中国人民大学档案馆　编

Архив Народного университета Китая

中国人民大学出版社
・北京・

Издательство Народного университета Китая
・Пекин・

中国人民大学档案馆	编
李　惠	主编
蒋利华　贾铁英	副主编
冉娜·卡达里斯卡娅	译

Архив Народного университета Китая	Составитель
Ли Хуэй	Главный редактор
Цзян Лихуа, Цзя Теин	Зам. главного редактора
Гатальская Ж.Ц	Перевод

编辑说明

中国人民大学是新中国第一所新型正规大学，她的创办是刘少奇同志1949年6月率团访问苏联期间酝酿的，创办的目的是在苏联帮助下培养新中国建设人才。1949年12月16日，中央人民政府政务院第十一次政务会议通过《关于成立中国人民大学的决定》，《决定》指出："为适应国家建设需要，中央人民政府政务院决定设立中国人民大学，接受苏联先进的建设经验，并聘请苏联教授，有计划、有步骤地培养新国家的各种建设干部"。《决定》确立了学校的教育方针是"教学与实际联系，苏联经验与中国情况相结合"。在人民大学筹建之初，就已有苏联顾问参与筹建工作，帮助制订教学计划，并延聘苏联专家来校任教。1950年10月3日，中国人民大学隆重举行开学典礼，刘少奇、朱德等党和国家领导人，中央人民政府政务院及各部、院、署有关负责人，业已来校工作的首批苏联专家，和学校师生一起出席开学典礼，总顾问安德里昂诺夫在典礼上作了讲话。

20世纪50年代，在人民大学任教的苏联专家无论是人数、层次还是学科涵盖面，在全国高校中都处于前列。人民大学苏联专家的数量，1950—1951学年为41名，1951—1952学年为48名，1952—1953学年为42名，这是苏联专家大规模来校指导工作的阶段。1953年暑假，部分苏联专家回国，1953—1954学年，在校苏联专家人数减至21人。在随后的几年里，受到政治环境的影响，苏联专家人数逐渐减少。1956—1957学年，仅剩7名专家，这也是这批苏联专家在校执教的最后一年。根据人民大学档案馆馆藏档案，从1950年到1957年，人民大学先后聘请了98名苏联专家，是全国聘请苏联专家人数最多的高校。在这98名苏联专家中，校长顾问4人，哲学5人，政治经济学7人，马克思列宁主义基础10人，计划统计5人，工业经济5人，农业经济3人，财政贸易15人，法律10人，外交5人，新闻 2 人，档案 1 人，俄语 26 人。

为满足人民大学和全国其他高等学校对理论师资的急切需要，学校借助苏联专家的力量，系统培养政治理论和政法、财经等各专业的研究生。马克思列宁主义基础、政治经济学、中国革命史、辩证唯物论与历史唯物论这四门政治理论必修课，是学校整个课程体系的核心。据统计，从 1950 年到 1957 年，苏联专家曾为人民大学 2574 名研究生授课，其中四门政治理论课的研究生 2021 人，对学校完成研究生培养任务发挥了重要作用。这些研究生毕业后一部分留校任教，成为后来各学科领域的中坚力量，其余学生则分配到国内其他高校，在这些学校的学科建设中发挥了举足轻重的作用。特别是在财经、政法和哲学领域，人民大学的毕业生广泛分布于全国各大高校，大都成长为学科带头人。同时，兄弟院校的教师也纷纷来校进修，并将这种授课模式移植到所在学校，由此在全国高教界产生了重大而深远的影响。

建校初期，限于当时的条件，学校采取了“边学边教”的培养教师的办法，先由苏联专家给教师讲课，再由教师去给学生讲课，部分苏联专家也直接给学生讲课。1954 年以后，学校进一步明确苏联专家应主要发挥“工作母机”作用，而不应作为普通教师去承担教学工作，苏联专家教学方法转为专题讲授，讲解经典著作，系统辅导。苏联专家还将习明纳尔（课堂讨论）、口试、四级计分制、生产实习等方式引入人民大学，也被国内其他高校广为学习借鉴。

苏联专家在人民大学期间，对学校的教材建设也发挥了很大作用。有的苏联专家带来自己编写的教材或学术著作，由中国教师进行翻译；有的苏联专家推荐其在苏联高校教学时使用的原著，这些原著大都为马恩列斯经典著作，由中国教师翻译后供学生使用，或让具备一定俄文基础的学生直接阅读；专家们的讲义被翻译成中文后，由各教研室据此编写中文教科书，作为人民大学乃至全国通用的教材；苏联专家在校期间，经常就各个主题发表演说、报告，或关于学术，或关于大学管理，学校教务处将这两类材料整理并印刷出来，供本校及国内其他高校使用。此外，苏联专家还指导本校教师编写符合中国国情的教科书，一些教师也会主动参照苏联的教科书和教学大纲编写教材。据统计，从 1950 年到 1957 年间，由苏联专家直接编写的和在苏联专家指导下编写的讲义、教材共达 101 种，5569 万 4500 字。

总之，苏联专家在中国人民大学传播了马克思列宁主义理论和政法、财经专业的科学知识，介绍了苏联革命和建设以及高等教育的经验，对学校建设和师资培养起到了巨大的推动作用。正是因为有苏联

专家的指导和帮助，人民大学科研工作起步较早，在诸多学科领域处于理论前沿，不断有最新成果问世，奠定了学校在这些学科领域的领先地位。在苏联专家的指导和帮助下，人民大学还探索出一套苏联模式和中国实际相结合的新型学科体系，其中许多专业和系科逐渐发展成为中国人民大学的优势专业和系科，成为国内其他高校建立相应学科的范本。

苏联专家在人民大学期间，学校尽可能在生活上、在工作条件上给予照顾和安排，他们也得到了学校师生普遍的尊敬和爱戴。很多苏联专家与学校师生结下了深厚的友谊，保持着经常的联系，常常相互寄送贺卡、礼物、书籍。比如苏联专家凯列，一直与人民大学哲学系（院）多位教师保持联系，他本人还于本世纪初回访人民大学，拜会多位中国老友，畅叙半个世纪前的往事。人民大学师生与苏联专家的友谊也成为了中苏两国人民友谊的一段生动体现。

中国人民大学档案馆保存有一批苏联专家在校期间的珍贵照片资料和文字档案。为重温学校初创时期的历史，从一个侧面展现当时苏联专家在人民大学开展相关工作的实际情况，也为今后开展人民大学校史、中苏高等教育交流等相关研究提供材料，档案馆从馆藏档案中挑选出当时苏联专家在校照片近八十幅和部分文字档案，并通过向老教授个人征集等方式补充了一部分珍贵照片，编辑形成这本画册。因年代久远，且囿于当时的摄影条件和保存状况，有一些老照片因图像模糊等原因未能入选，因此，收入本画册的老照片并没有涵盖学校当时所有的教学单位，更无法包括所有来校的苏联专家。虽经多方辨认，仍有部分照片中苏联专家的姓名不可考，不能不说是个遗憾。因编者水平有限，纰漏在所难免，也请读者、专家不吝赐教。

二〇一七年五月

От редактора

Народный университет Китая – это первый университет Китая нового типа.В июне 1949 года во время визита в СССР товарищ Лю Шаоци обсудил с советской стороной вопрос создания университета, целью которого была бы подготовка кадров строителей нового Китая при содействии советских специалистов. 16 декабря 1949 года на 11 заседании Госсовета Центрального Народного правительства было принято «Постановление о создании Народного университета Китая», в котором указывалось, что «для удовлетворения потребностей государственного строительства Госсовет Центрального Народного правительства принял решение учредить Народный университет Китая, перенять передовой опыт СССР в строительстве, а также пригласить советских профессоров и последовательно по плану осуществлять подготовку разнообразных кадров строителей нового государства». Кроме того, был установлен курс вузовского образования – «связь обучения с реальностью, соединение опыта СССР с действительностью Китая». Уже на начальном этапе создания университета в подготовительной работе принимали участие советские специалисты-консультанты, которые помогали разрабатывать учебные программы, а для преподавания в университет были приглашены советские специалисты-преподаватели. 3 октября 1950 года состоялась торжественная церемония открытия Народного университета Китая. На церемонии присутствовали Лю Шаоци, Чжу Дэ и другие партийные руководители, ответственные работники Центрального Народного правительства, Госсовета, министерств, ведомств и других учреждений. Присутствовали также первые прибывшие на работу советские специалисты, китайские преподаватели и студенты, главный советник по образованию Д.П.Андрианов выступил на церемонии открытия с речью.

В 50-х годах прошлого века советские специалисты, работающие в Народном университете Китая, и по количеству, и по профессиональному уровню, и по представленным научным дисциплинам занимали самые передовые позиции среди специалистов всех вузов Китая. В 1950-51 гг. в Народном университете Китая работал 41 советский специалист, в 1951-58 гг. – 48, в 1952-53 гг. – 42 . Эти три года были периодом, когда советские специалисты в наибольшем количестве приезжали в университет осуществлять руководство и преподавание. В летние каникулы 1953 года часть советских специалистов вернулась на родину. В 1953-54 гг. количество советских специалистов сократилось до 21 человека. В последующие годы в связи с изменениями политической обстановки количество советских специалистов продолжало сокращаться. В 1956-57 гг. осталось только 7 специалистов, это был последний год работы советских специалистов в нашем вузе. Согласно сохранившимся в архиве Народного университета данным, с 1950 г. по 1957 г. всего в Народном университете Китая работали 98 специалистов из СССР, то есть самое большое количество советских специалистов среди всех вузов Китая. Из числа этих 98 специалистов были 4 советника ректора университета, 5 преподавателей философии, 7 преподавателей политэкономии, 10 преподавателей основ марксистско-ленинской теории, 5 специалистов по планированию и статистике, 5 специалистов по промышленной экономике, 3 специалиста по сельскому хозяйству, 15 специалистов по финансам и торговле, 10 специалистов по юридическому праву, 5 специалистов по дипломатическим отношениям, 2 специалиста по журналистике, 1 специалист по архивному делу и 26 преподавателей русского языка.

Для того чтобы удовлетворить неотложную потребность нашего университета и других вузов Китая в преподавателях теоретических знаний, Народный университет Китая, опираясь на силы советских специалистов, организовал систематическое обучение аспирантов по политической теориии, праву, финансам и экономике. Основы марксистско-ленинской теории, политэкономия, диалектический и исторический материализм – эти четыре обязательные теоретические дисциплины стали главными предметами университетской учебной программы. Согласно имеющимся данным, с 1950 г. по 1957 г. советские специалисты обучили 2574 аспиранта, из них лекции по четырем главным теоретическим предметам прослушали 2021 аспирант, что имело важное значение для выполнения университетом задачи подготовки молодых кадров. После окончания университета часть аспирантов осталась работать в университете в качестве преподавателей и в дальнейшем стала кадровым ядром университета по разным научным дисциплинам. Остальная часть выпускников была распределена в другие вузы страны и сыграла решающую роль в осуществлении учебного строительства этих вузов. Вособенности в таких областях, как финансы и экономика, философия, политика и право выпускники Народного университета Китая нашли широкое применение в крупнейших высших учебных заведениях Китая, став в большинстве случаев ведущими преподавателями данных дисциплин. Одновременно с этим преподаватели других учебных заведений массово приходили слушать занятия в нашем университете и переносили нашу модель преподавания в свои вузы. Так наш университет оказал серьезное и исключительно важное влияние на всю систему высшего образования страны.

В начальный период работы нашего университета в связи с условиями того времени университет применял метод обучения преподавателей «учёба и преподавание», когда советские специалисты сначала читали лекции преподавателям, а затем уже те учили студентов; но и тогда часть советских специалистов непосредственно вела занятия со студентами. После 1954 г. университет дал дальнейшее уточнение роли советских специалистов, указав, что они должны выполнять роль «главного механизма работы», а не заниматься простой преподавательской деятельностью. Теперь методика обучения советских специалистов состояла в чтении спецкурсов, чтении лекций по классическим трудам и систематическом руководстве. Советским специалистам предстояло также внедрить новые методы университетского обучения: семинары (обсуждения и дискуссии в классе), устные экзамены, 4-х бальную систему оценок (неуд., уд., хорошо, отлично) и производственную практику, все это должно было послужить примером для заимствования другим вузам страны.

В период работы в Народном университете Китая советские специалисты внесли большой вклад в подготовку учебных материлов для университета. Одни советские специалисты приезжали со своими собственными учебными материалами и научными трудами, а китайские преподаватели переводили их на китайский язык. Другие рекомендовали материалы, широко применяемые в советских вузах: в основном это были труды Маркса, Энгельса, Ленина, Сталина; их использовали в преподавании китайским студентам после перевода на китайский язык или же использовали в качестве материала для чтения для студентов, уже владевших основами русского языка. Лекции советских специалистов, переведенные на китайский язык, служили также преподавателям разных кафедр материалом для составления китайских учебников, которые потом распечатывались и использовались как в нашем университете, так и во всех других вузах страны. Частые выступления советских специалистов в период работы в университете с публичными речами и докладами по разным научным темам или по вопросам организации вузов систематизировались и печатались учебным отделом и предоставлялись как сотрудникам нашего университета, так и сотрудникам других вузов страны. Кроме того, советские специалисты консультировали китайских преподавателей и руководили составлением учебников, отвечающим китайской действительности. Некоторые китайские преподаватели по собственной инициативе, опираясь на советские учебники и учебные программы, самостоятельно составляли учебные пособия. Согласно статистическим данным, в период с 1950 г. по 1957 г. советскими специалистами и при их содействии китайскими преподавателями всего было составлено 101 учебное пособие с общим количеством 55 694 500 печатных знаков. Эти лекции, учебные материалы, пособия по классическим трудам в то время и для нашего университета и для всей теоретической учебной работы в нашей стране имели огромное значение.

Говоря в целом, советские специалисты, распространяя в нашем университете научные знания по марксистско-ленинской теории, политике и праву, финансам и экономике, знакомя с опытом советской революции и советского строительства, передавая опыт образования в советских высших учебных заведениях, сыграли огромную стимулирующую роль в деле строительства нашего университета. Работа и практическая деятельность советских специалистов по подготовке педагогических кадров на начальном этапе строительства нашего университета имела важное значение. Именно благодаря руководству и помощи советских специалистов Народный университет Китая рано начал научную работу, по многим предметам находился на переднем крае теоретических исследований, непрерывно добивался новых успехов, чем обеспечил лидирующее положение университета по данным дисциплинам. Под руководством и с помощью советских специалистов Народный университет Китая соединил советскую модель образования с китайскими реалиями и разработал новую систему научных дисциплин. Эти новые дисциплины стали первоначальной моделью научного строительства не только в Народном университете, но и во всех высших учебных заведениях Китая. Впоследствии многие специальности и научные дисциплины Народного университета Китая были признаны сильнейшими в стране и стали эталоном для других вузов.

Во время пребывания советских специалистов в Народном университете Китая университет делал все возможное, чтобы

обеспечить хорошие условия работы и жизни специалистов. Советские специалисты пользовались всеобщим уважением и любовью со стороны китайских преподавателей и студентов, многих из них связала глубокая дружба, они поддерживали постоянные связи, часто обменивались поздравительными открытками, подарками, книгами. Например, советский специалист В.Г.Келле все время поддерживал связь с преподавателями философского факультета университета и даже сам в начале этого века посетил Народный университет, навестил старых китайских друзей и в душевных беседах вспомнил с ними прошлое полувековой давности. Дружба преподавателей и студентов Народного университета с советскими специалистами стала ярким воплощением дружбы народов двух стран – Китая и Советского Союза.

В Архиве Народного университета Китая сохранились ценные фотографии и письменные свидетельства о времени пребывания советских специалистов в нашем университете. С одной стороны, для восстановления памяти о периоде создания университета они отражают действительную обстановку работы советских специалистов в Народном университете в тот период, а с другой стороны, предоставляют соответствующий материал для исследования всей истории университета и изучения взаимодействия Китая и Советского Союза в области высшего обраования. Данный фотоальбом составлен на основе отобранных Архивом Народного университета Китая 80 свидетельств о работе советских специалистов того времени, а также ценных фотографий, лично собранных старыми профессорами университета. В силу давности, а также возможностей фотографирования и хранения фотографий той поры, некоторые фотографии из-за нечеткости изображения и по другим причинам не соответствуют требованиям современной печати и поэтому не попали в альбом. Фотографии в альбоме не отражают все учебные организации нашего университета того времени и не могу представить всех работавших в нашем университете советских специалистов. Несмотря на то, что мы приложили большие старания и пригласили для помощи старых профессоров, однако все же нет уверенности в правильности имен советских специалистов в пояснениях к некоторым фотографиям, в связи с чем мы выражаем наше искреннее сожаление. Учитывая наши ограниченные возможности, в публикации неизбежны промахи и упущения, поэтому редакция будет признательна читателям за советы и замечания.

май 2017 года

■ 学校领导、教员与苏联专家合影 1951 年

Руководители и преподаватели университета с советскими специалистами 1951 г.

Советские специалисты в Народном университете Китая в 50-е годы XX века

学校领导、教员与苏联专家合影　1952 年

Руководители и преподаватели университета с советскими специалистами　1952 г.

■ 苏联顾问安德里昂诺夫在中国人民大学开学典礼上讲话　1950 年

Советский советник Д.П.Андрианов выступает с речью на торжественной церемонии открытия Народного университета Китая　1950 г.

■ 吴玉章校长（前排左六）、成仿吾副校长（前排右二）与苏联专家合影，前排右三为苏联专家阿尔马佐夫，前排右四为苏联专家契维克娃　1950 年

Ректор У Юйчжан (шестой слева в первом ряду), проректор Чэн Фанъу (второй справа в первом ряду) и советские специалисты: третий справа в первом ряду - советский специалист Н.А.Алмазов, четвертая справа в первом ряду - советский специалист Т.Н.Чивикова　1950 г.

■ 吴玉章校长（前排左三）、胡锡奎副校长（前排右一）、成仿吾副校长（前排左一）会见苏联专家，前排左二为苏联顾问菲力波夫　1951 年

Ректор У Юйчжан (третий слева в первом ряду), проректор Ху Сикуй (первый справа в первом ряду), проректор Чэн Фанъу (первый слева в первом ряду) во время встречи с советскими специалистами; второй слева в первом ряду - советский советник Филиппов　1951 г.

■ 吴玉章校长（前排左六）、司法部部长史良（前排左七）、成仿吾副校长（前排左八）与苏联专家合影　1950年

Ректор У Юйчжан (шестой слева в первом ряду), глава Министерства юстиции Чан Шилян (седьмая слева в первом ряду), проректор Чэн Фанъу (восьмой слева в первом ряду) и советские специалисты　1950 г.

学校师生与苏联专家合影　1952 年

Преподаватели и студенты университета с советскими специалистами　1952 г.

■ 学校领导、教员与苏联专家合影 1955 年

Руководители и преподаватели университета с советскими специалистами 1955 г.

■ 学校师生与苏联专家游览颐和园　1957 年

Преподаватели и студенты университета с советскими специалистами во время посещения парка Ихэюань　1957 г.

学校领导、教员与苏联专家合影

Руководители и преподаватели университета с советскими специалистами

达拉干诺夫，1956 年来校，1957 年离校，主要给哲学史教研室教员辅导。

Далганов, прибыл в университет в 1956 г., покинул в 1957 г., в основном давал консультации преподавателям кафедры истории философии

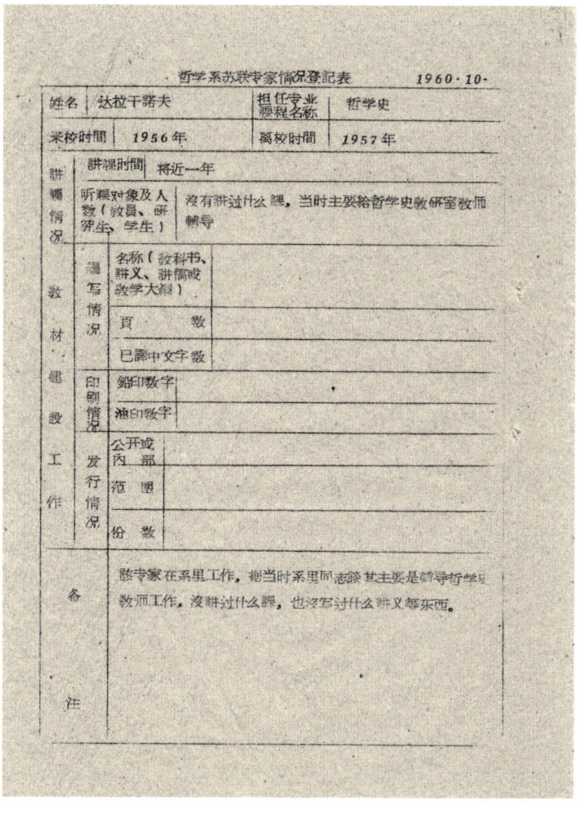

哲学系苏联专家情况登記表 1960·10·

姓名	达拉干諾夫	担任专业課程名称	哲学史
来校时間	1956年	离校时間	1957年
讲課情况	讲課时間	将近一年	
	听課对象及人数（教员、研究生、学生）	沒有讲过什么課，当时主要給哲学史教研室教师輔导	
教材建設工作	編写情况	名称（教科书、讲义、讲稿或教学大綱）	
		頁数	
		已譯中文字数	
	印刷情况	鉛印数字	
		油印数字	
	发行情况	公开或内部	
		范圍	
		份数	
备注	該专家在系里工作，据当时系里同志談其主要是輔导哲学史教师工作，沒讲过什么課，也沒写过什么讲义等东西。		

达拉干诺夫登记表

Регистрационная карточка Далганова

■ 胡锡奎副校长（前排左五）与苏联专家达拉干诺夫（前排左六）等在万寿山合影　1957 年

Проректор Ху Сикуй (пятый слева в первом ряду) и советский специалист Далганов (шестой слева в первом ряду) в парке Ихэюань около горы Ваньшоушань　1957 г.

阿尔马卓夫，1950 年 6 月来校，1953 年 5 月离校，给教员和研究生讲授政治经济学课程，并编写政治经济学资本主义部分讲稿。

Н.А.Алмазов,прибыл в университет в июне 1950 г., покинул в мае 1953 г., читал лекции преподавателям и аспирантам по политической экономии, составил учебное пособие «Политэкономия», раздел «Капитализм».

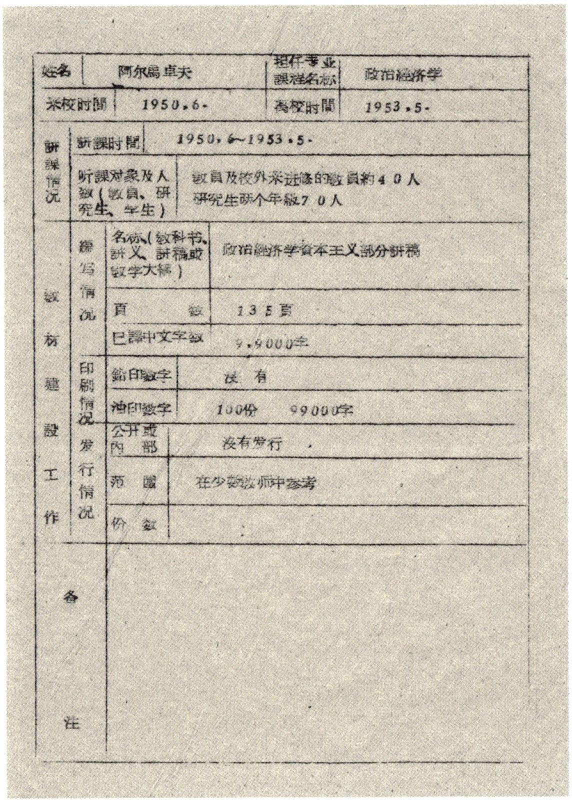

姓名	阿尔馬卓夫	担任专业課程名称	政治經济学
来校时間	1950.6.	离校时間	1953.5.
讲課情况	讲課时間	1950.6~1953.5.	
	听課对象及人数（教員、研究生、学生）	教員及校外来进修的教員約40人 研究生两个年級70人	
教材建設工作	編写情况	名称（教科书、讲义、讲稿或教学大綱）	政治經济学資本主义部分讲稿
		頁数	135頁
		已譯中文字数	9.9000字
	印刷情况	鉛印数字	没有
		油印数字	100份 99000字
	发行情况	公开或内部	没有发行
		范圍	在少数教师中参考
		价数	
备注			

■ 阿尔马卓夫登记表

Регистрационная карточка Н.А.Алмазова

■ 苏联专家阿尔马卓夫（右一）与宋涛等教员探讨问题　1952 年

Советский специалист Н.А.Алмазов обсуждает вопросы с Сун Тао и другими преподавателями　1952 г.

凯列，1952年来校，1955年离校，给教师、研究生以及经济系、党史系研究班学生讲授辩证唯物主义和历史唯物主义，编写关于辩证唯物主义经典著作介绍7篇，关于历史唯物主义经典著作介绍6篇以及自然辩证法介绍，逾30万字，均翻译为中文内部印发，送校内有关领导和部分师生以及校外有关单位。

В.Г.Келле, прибыл в университет в 1952 г., покинул в 1955 г., преподавал диалектический и исторический материализм, читал лекции преподавателям и аспирантам университета, а также студентам исследовательских групп экономического факультета и факультета истории партии. Написал 7 работ по классическим трудам диалектического материализма, 6 работ по классическим трудам исторического материализма, а также работу по диалектике природы, все его работы – это более 300 тысяч знаков. Эти работы были переведены на китайский язык, распечатаны и переданы для внутреннего пользования руководителям и частично преподавателям и студентам университета, а также другим организациям вне университета.

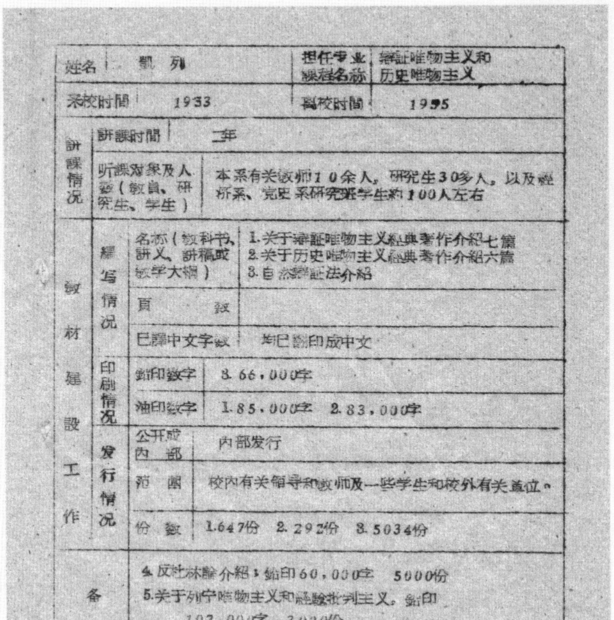

姓名	凯列	担任专业课程名称	辩証唯物主义和历史唯物主义
来校时間	1933	离校时間	1995
讲課情况	讲課时間	二年	
讲課情况	听課对象及人数（教員、研究生、学生）	本系有关教师10余人，研究生30多人，以及经济系、党史系研究班学生約100人左右	
教材建設工作	编写情况	名称（教科书、讲义、讲稿或教学大纲）	1.关于辩証唯物主义経典著作介紹七篇 2.关于历史唯物主义経典著作介紹六篇 3.自然辩証法介紹
教材建設工作	编写情况	頁数	
教材建設工作	编写情况	已譯中文字数	均已翻印成中文
教材建設工作	印刷情况	鉛印数字	3.66,000字
教材建設工作	印刷情况	油印数字	1.85,000字　2.83,000字
教材建設工作	发行情况	公开或内部	内部发行
教材建設工作	发行情况	范围	校内有关領导和教师及一些学生和校外有关单位。
教材建設工作	发行情况	份数	1.647份　2.292份　3.5034份
备注	4.反杜林論介紹：鉛印60,000字　5000份 5.关于列宁唯物主义和経驗批判主义。鉛印102,000字，3000份 6.外国哲学史讲义。鉛印259,000字，5048份 7.経典著作問題解答。鉛印　380,000字，120份 8.辩証唯物主义与历史唯物主义問題解答，鉛印380,000字，120份 9.辩証唯物主义与历史唯物主义讲稿，鉛印620,007字　120份		

■ 凯列登记表

Регистрационная карточка В.Г.Келле

■ 苏联专家凯列在讲课，右一为翻译钟宇人　1954 年

Советский специалист В.Г.Келле читает лекцию; первый справа – переводчик Чжун Юйжэнь　1954 г.

■ 凯列与钟宇人合影　2006 年

В.Г.Келле и Чжун Юйжэнь　2006 г.

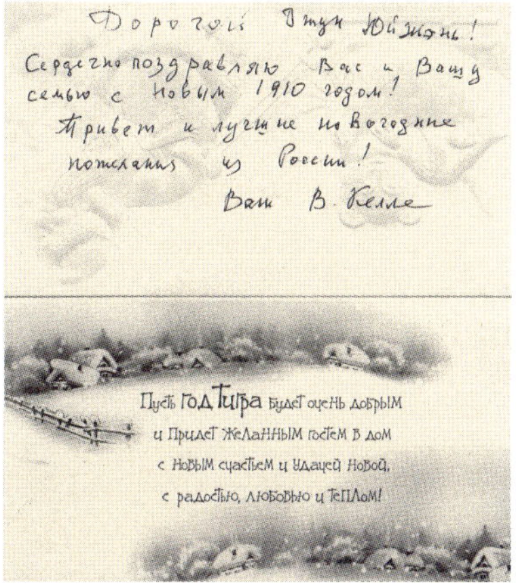

■ 凯列寄给钟宇人的明信片

Поздравительная открытка В.Г.Келле Чжун Юйжэню

尼基金，1950年9月来校，1952年6月离校，给教员、研究生讲授逻辑学，编写讲稿翻译为中文近10万字。

П.И.Никитин, прибыл в университет в сентябре 1950г., покинул в июне 1952 г., читал преподавателям и аспирантам лекции по логике, составил учебное пособие по конспектам лекций, в переводе на китайский язык объем которого составил около 100 тысяч знаков.

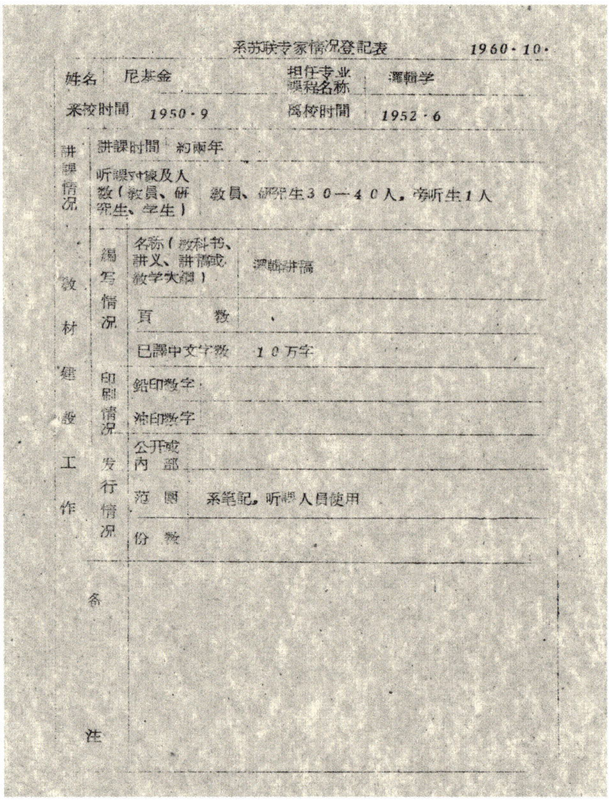

系苏联专家情况登记表　　1960·10·

姓名	尼基金	担任专业課程名称	邏輯学
来校时間	1950·9	离校时間	1952·6
講課情況	講課时間	約兩年	
	听課对象及人数（教員、研究生、学生）	教員、研究生30—40人，旁听生1人	
教材建設工作	編写情況	名称（教科书、講义、講稿或教学大綱）	邏輯講稿
		頁　数	
		已譯中文字数	10万字
	印刷情況	鉛印数字	
		油印数字	
	发行情況	公开或内部	
		范圍	系笔記，听課人員使用
		份数	
备注			

■ 尼基金登记表

Регистрационная карточка П.И.Никитина

苏联专家尼基金（中）辅导逻辑组师生

Советский специалист П.И.Никитин (в центре) ведет занятия по логике у группы преподавателей и студентов

■ 苏联专家尼基金与哲学系教员马玉柯

Советский специалист П.И.Никитин и преподаватель факультета философии Ма Юйкэ

■ 学校教员与苏联专家合影，右一为苏联专家尼基金，右三为苏联专家凯列，右四为苏联专家高尔尼洛夫，左二为苏联专家阿芙节依

Преподаватели университета с советскими специалистами: первый справа - советский специалист П.И.Никитин, третий справа - советский специалист В.Г.Келле, четвертый справа – советский специалист А.В.Корнилов, вторая слева - советский специалист Т.Н.Авдей.

奥高扬，1951年3月来校，1952年6月离校，给学校教员、研究生、校外理论教员讲授马列主义基础（联共布党史），编写“马克思列宁主义基础”讲义，翻译为中文逾45万字，供教研室内部使用。

Огонян, прибыл в университет в марте 1951 г., покинул в июне 1952 г., читал преподавателям и аспирантам нашего университета, а также преподавателям других вузов лекции по основам марксистско-ленинской теории (историю ВКП(б)). Написал курс лекций «Основы марксизма-ленинизма», объем работы в переводе на китайский язык составил 450 тысяч знаков. Учебник стал основным для всех кафедр университета.

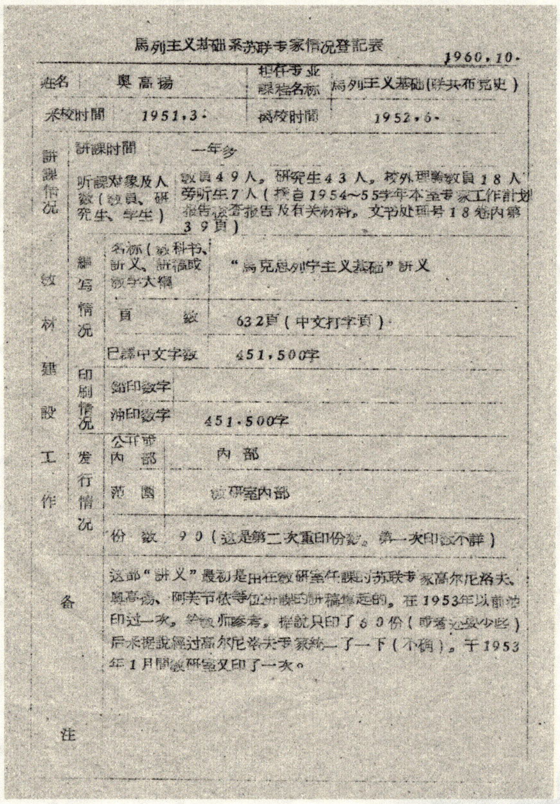

馬列主义基础系苏联专家情况登記表

1960，10.

姓名	奥高揚	担任专业課程名称	馬列主义基础（联共布党史）
来校时間	1951，3.	离校时間	1952，6.

講課情况	講課时間		一年多
	听課对象及人数（教員、研究生、学生）		教員49人，研究生43人，校外理論教員18人，旁听生7人（摘自1954~55学年本室专家工作計划报告、检查报告及有关材料，文书处理号18卷内第39頁）
教材建設工作	編写情况	名称（教科书、講义、講稿或教学大綱）	“馬克思列宁主义基础”講义
		頁数	632頁（中文打字頁）
		已譯中文字数	451，500字
	印刷情况	鉛印数字	
		油印数字	451.500字
	发行情况	公开或内部	内部
		范围	教研室内部
		份数	90（这是第二次重印份数，第一次印数不詳）
备注	这部“講义”最初是由在教研室任課的苏联专家高尔尼洛夫、奥高扬、阿芙节依等位講課的講稿集起的。在1953年以前曾印过一次，给教师参考，据說只印了60份（或者还要少些）后来据說經过高尔尼洛夫专家統一了一下（不确），于1953年1月間教研室又印了一次。		

■ 奥高扬登记表

Регистрационная карточка Огоняна

■ 哲学系教员王南（左一）与苏联专家奥高扬（右二）研究讲稿，右一为翻译黄良平　1954 年

Преподаватель факультета философии Ван Нань (первый слева) и советский специалист Огонян (второй справа) изучают конспекты лекций; первый справа - переводчик Хуан Лянпин　1954 г.

斯巴诺夫斯基，1955年8月来校，1957年6月离校，给研究生讲授政治经济学，指导学习《资本论》。

Спановский①, прибыл в университет в августе 1955 г., покинул в июне 1957 г., читал аспирантам лекции по политэкономии, руководил изучением «Капитала» К.Маркса.

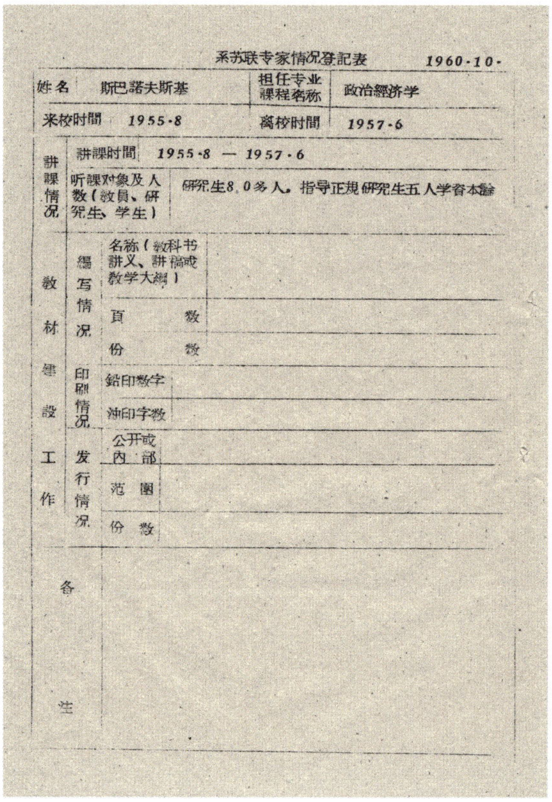

系苏联专家情况登記表　1960·10·

姓名	斯巴諾夫斯基	担任专业課程名称	政治經济学
来校时間	1955·8	离校时間	1957·6
讲課情况	讲課时間	1955·8 — 1957·6	
	听課对象及人数（教員、研究生、学生）	研究生8 0多人。指导正規研究生五人学資本論	
教材建設工作	編写情况	名称（教科书讲义、讲稿或教学大綱）	
		頁数	
		份数	
	印刷情况	鉛印数字	
		油印字数	
	发行情况	公开或内部	
		范圍	
		份数	
备注			

■ 斯巴诺夫斯基登记表

Регистрационная карточка Спановского

---

① 据汉语音译——译注。

■ 苏联专家斯巴诺夫斯基（中戴帽者）与宋涛（二排左五）等教员合影　1956 年

Советский специалист Спановский (в центре в шляпе) , Сун Тао и другие китайские преподаватели　1956 г.

■ 马列主义基础教研室师生与苏联专家合影　1952 年

Преподаватели и студенты кафедры марксизма-ленинизма с советскими специалистами　1952 г.

彼希金，1950年9月来校，1952年6月离校，给教员、研究生等讲课、辅导、解答问题，与高尔尼洛夫、阿芙节依共同编写“联共（布）党史”讲义。

Песикин, прибыл в университет в сентябре 1950 г., покинул в июне 1952 г., читал лекции и давал консультации преподавателям и аспирантам. Совместно с советскими специалистами А.В.Корниловым и Т.Н.Авдей написал учебник «История ВКП(б)».

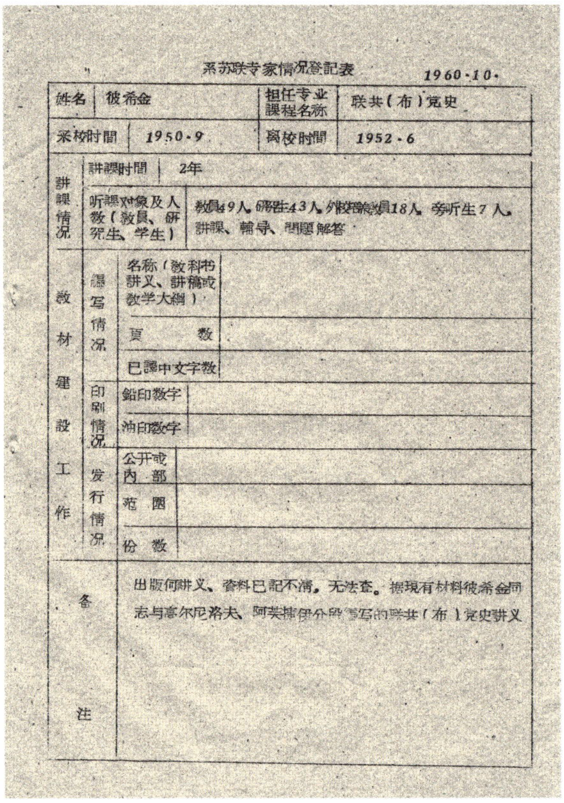

系苏联专家情况登記表　　1960·10·

姓名	彼希金		担任专业課程名称	联共（布）党史
来校时間	1950·9		离校时間	1952·6
讲課情况	讲課时間	2年		
	听課对象及人数（教員、研究生、学生）	教員49人，研究生43人，外校教員18人，旁听生7人，讲課、辅导、問題解答		
教材建設工作	编写情况	名称（教科书讲义、讲稿或教学大綱）		
		頁数		
		已譯中文字数		
	印刷情况	鉛印数字		
		油印数字		
	发行情况	公开或内部		
		范圍		
		份数		
备注	出版何讲义、資料已記不清，无法查。据現有材料彼希金同志与高尔尼洛夫、阿芙捷伊分段编写的联共（布）党史讲义			

■ 彼希金登记表

Регистрационная карточка Песикина

■ 马列主义基础教研室教师与苏联专家高尔尼洛夫（左三）、彼希金（右三）等合影　1952 年

Преподаватели кафедры марксизма-ленинизма и советские специалисты А.В.Корнилов (третий слева) и Песикин (третий справа)　1952 г.

■ 马列主义基础教研室陈列室 1951 年

Кафедра марксизма-ленинизма 1951 г.

■ 马列主义基础教研室全体教员与苏联专家合影，二排右五为苏联专家高尔尼洛夫，二排右七为苏联专家彼希金　1952 年

Коллектив преподавателей и студентов кафедры теории марксизма-ленинизма с советскими специалистами: пятый справа во втором ряду - советский специалист А.В.Корнилов, седьмой справа во втором ряду - советский специалист Песикин　1952 г.

高尔尼洛夫，1950年9月来校，1953年6月离校，给教员、研究生和校外理论教员讲授马列主义基础（联共布党史），与苏联专家奥高扬、阿芙节依共同编写“马克思列宁主义基础”讲义，翻译为中文逾45万字，印发教研室内部使用。

А.В.Корнилов, прибыл в университет в сентябре 1950 г., покинул в июне 1953 г., читал преподавателям и аспирантам нашего университета, а также преподавателям других вузов лекции по теории марксизма-ленинизма (истории ВКП(б)). Совместно с советскими специалистами Огоняном и Т.Н.Авдей написал учебник «Основы теории марксизма-ленинизма», объем которого в переводе на китайский язык составил 450 тысяч знаков. Учебник был отпечатан и предназначался кафедрам университета для внутреннего пользования.

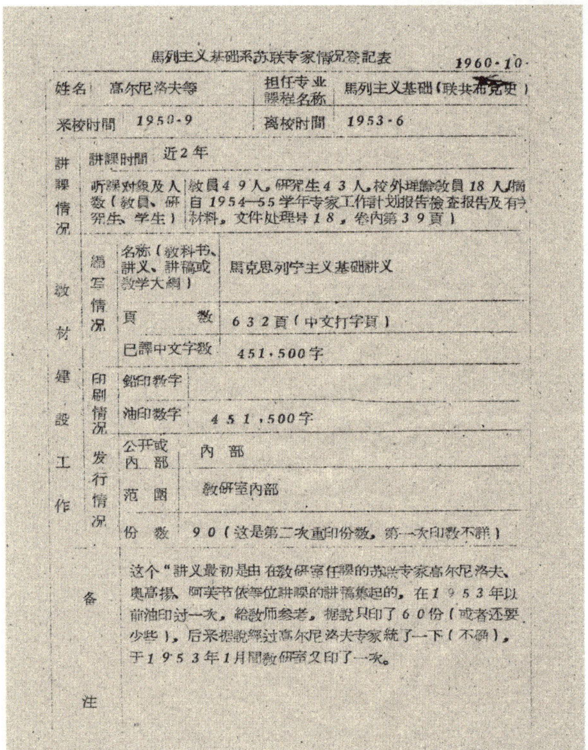

馬列主义基础系苏联专家情况登記表 1960·10·

姓名	高尔尼洛夫等	担任专业課程名称	馬列主义基础（联共布党史）
来校时間	1950·9	离校时間	1953·6
講課情况	講課时間	近2年	
	听課对象及人数（教員、研究生、学生）	教員49人，研究生43人，校外理論教員18人（摘自1954—55学年专家工作計划报告檢查报告及有关材料，文件处理号18，卷内第39頁）	
教材建設工作	編写情况	名称（教科书、講义、講稿或教学大綱）	馬克思列宁主义基础講义
		頁数	632頁（中文打字頁）
		已譯中文字数	451,500字
	印刷情况	鉛印数字	
		油印数字	451,500字
	发行情况	公开或内部	內部
		范圍	教研室内部
		份数	90（这是第二次重印份数，第一次印数不詳）
备注	这个“講义最初是由在教研室任課的苏联专家高尔尼洛夫、奥高揚、阿芙节依等位講課的講稿集起的，在1953年以前油印过一次，給教师参考，据說只印了60份（或者还要少些），后来据說經过高尔尼洛夫专家統了一下（不確），于1953年1月間教研室又印了一次。		

■ 高尔尼洛夫登记表

Регистрационная карточка А.В.Корнилова

■ 苏联专家高尔尼洛夫讲授马列主义基础课，左为翻译黄良平　1950 年

Советский специалист А.В.Корнилов читает лекцию по теории марксизма-ленинизма, первый слева - переводчик Хуан Лянпин　1950 г.

■ 苏联专家高尔尼洛夫（右三）在给学员作指导，右二为翻译黄良平

Советский специалист А.В.Корнилов (третий справа) консультирует преподавателей, второй справа – переводчик Хуан Лянпин

■ 苏联专家高尔尼洛夫给马列主义基础教研室研究生授课

Советский специалист А.В.Корнилов читает лекцию аспирантам кафедры марксизма-ленинизма

阿芙节依，1950年9月来校，1952年6月离校，给学校教员、研究生、校外理论教员讲授马列主义基础（联共布党史），与高尔尼洛夫、奥高扬共同编写“马克思列宁主义基础”讲义，翻译成中文逾45万字，供教研室内部使用。

Т.Н.Авдей, прибыла в университет в сентябре 1950г., покинула в июне 1952 г., читала преподавателям и аспирантам нашего университета, а также преподавателям других вузов лекции по основам марксистско-ленинской теории (историю ВКП(б)). Совместно с советскими специалистами А.В.Корниловым и Огоняном написала учебник «Основы теории марксизма-ленинизма», объем которого в переводе на китайский язык составил 450 тысяч знаков. Учебник предназначался для внутреннего пользования кафедрам университета.

莱米卓维奇，1950年9月来校，1952年6月离校，给学校教员、研究生、校外理论教员讲授马列主义基础（联共布党史），编写“马列主义基础学习方法指示”，供函授生使用，内部发行17500册。

В.И.Ремизович, прибыл в университет в сентябре 1950 г., покинул в июне 1952 г., читал преподавателям и аспирантам нашего университета, а также преподавателям других вузов лекции по основам марксистско-ленинской теории (историю ВКП(б)). Написал учебное пособие «Методические указания по изучению марксистко-ленинской теории», предназначенное в основном для заочного обучения, внутри университета было выпущено 17500 учебников.

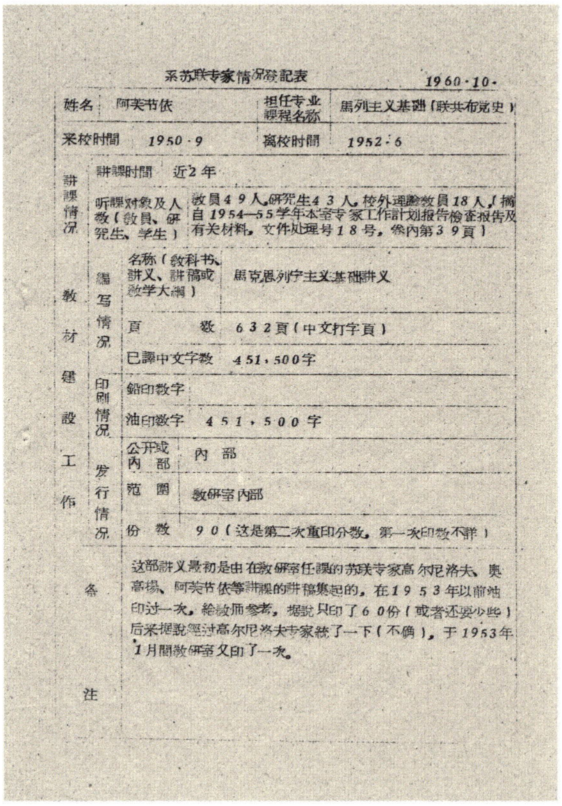

系苏联专家情况登記表 1960·10·

姓名		阿芙节依
担任专业課程名称		馬列主义基础（联共布党史）
来校时間		1950·9
离校时間		1952·6
講課情况	講課时間	近2年
	听課对象及人数（教員、研究生、学生）	教員49人，研究生43人，校外理論教員18人（摘自1954—55学年本室专家工作計划报告檢查报告及有关材料，文件处理号18号，卷内第39頁）
教材建設工作 · 編写情况	名称（教科书、講义、講稿或教学大綱）	馬克思列宁主义基础講义
	頁数	632頁（中文打字頁）
	已譯中文字数	451，500字
印刷情况	鉛印数字	
	油印数字	451，500字
发行情况	公开或内部	內部
	范圍	教研室內部
	份数	90（这是第二次重印分数，第一次印数不詳）
备注		这部講义最初是由在教研室任課的苏联专家高尔尼洛夫、奥高揚、阿芙节依等講課的講稿集起的，在1953年以前油印过一次，給教师参考，据說只印了60份（或者还要少些）后来据說經过高尔尼洛夫专家統了一下（不确），于1953年1月間教研室又印了一次。

■ 阿芙节依登记表

Регистрационная карточка Т.Н.Авдей

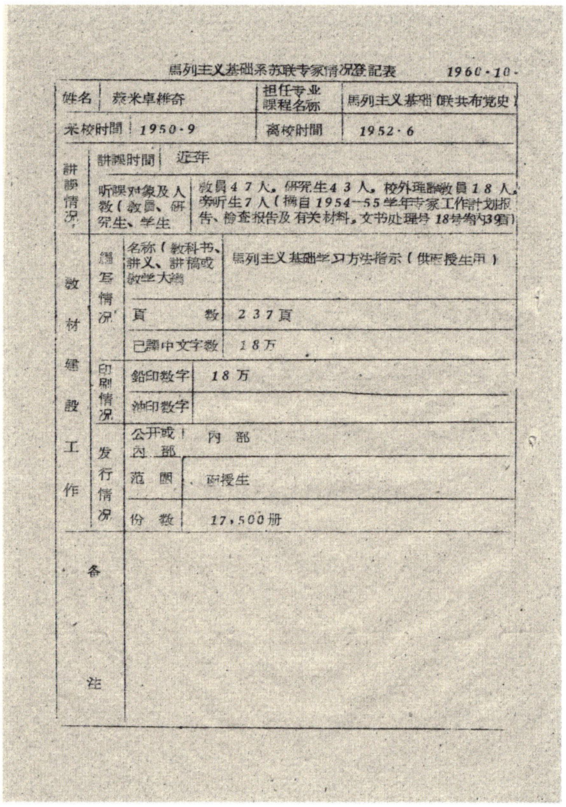

馬列主义基础系苏联专家情况登記表 1960·10·

姓名		萊米卓維奇
担任专业課程名称		馬列主义基础（联共布党史）
来校时間		1950·9
离校时間		1952·6
講課情况	講課时間	近2年
	听課对象及人数（教員、研究生、学生）	教員47人，研究生43人，校外理論教員18人，旁听生7人（摘自1954—55学年专家工作計划报告、檢查报告及有关材料，文书处理号18号卷内39頁）
教材建設工作 · 編写情况	名称（教科书、講义、講稿或教学大綱）	馬列主义基础学习方法指示（供函授生用）
	頁数	237頁
	已譯中文字数	18万
印刷情况	鉛印数字	18万
	油印数字	
发行情况	公开或内部	內部
	范圍	函授生
	份数	17，500册
备注		

■ 莱米卓维奇登记表

Регистрационная карточка В.И. Ремизовича

■ 苏联专家莱米卓维奇在马列主义基础教研室前留影　1951 年

Советский специалист В.И.Ремизович, кафедра марксизма-ленинизма　1951 г.

■ 苏联专家阿芙节依在马列主义基础教研室前留影　1951 年

Советский специалист Т.Н.Авдей, кафедра марксизма-ленинизма　1951 г.

巴甫洛夫，1954年1月来校，1956年8月离校，给马列主义研究班三年制研究生、马列主义基础教研室研究生讲授马列主义基础（联共布党史），为西南区各高等学校及部分干部学校的政治理论教师和少数党政机关干部共400人做了八个专题报告，编写“马克思列宁主义基础”讲义部分章节，翻译为中文77万字，印发学校内部使用。

Павлов, прибыл в университет в январе 1954 г., покинул в августе 1956 г., читал лекции по основам марксистско-ленинской теории (историю ВКП(б)) аспирантам группы трехгодичного изучения марксистско-ленинской теории и аспирантам кафедры марксизма-ленинизма. Выступил с докладами по 8 специальным темам перед преподавателями политической теории вузов Юго-Запада и некоторых школ подготовки кадров, а также перед небольшим количеством партийных и административных кадровых работников, всего слушателями его докладов стали более 400 человек. Написал несколько разделов учебника ««Основы теории марксизма-ленинизма», общий объем его работы в переводе на китайский язык составил 770 тысяч знаков. Учебник выпускался для внутреннего пользования в нашем университете.

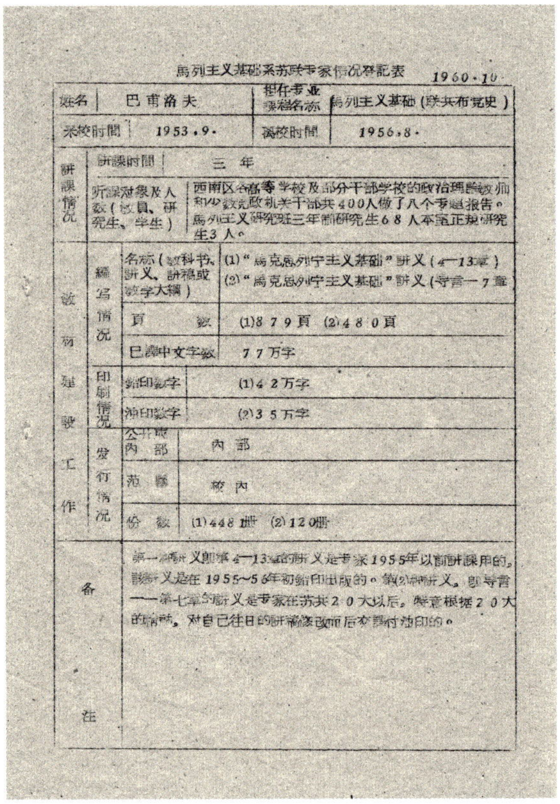

馬列主义基础系苏联专家情况登記表　　1960·10

姓名	巴甫洛夫	担任专业課程名称	馬列主义基础（联共布党史）
来校时間	1953·9·	离校时間	1956·8·
講課情况	講課时間	三年	
	听課对象及人数（教員、研究生、学生）	西南区各高等学校及部分干部学校的政治理論教师和少数党政机关干部共400人做了八个专題报告。馬列主义研究班三年制研究生68人本室正規研究生3人。	
教材建設工作：編写情况	名称（教科书、講义、講稿或教学大綱）	(1)“馬克思列宁主义基础”講义（4—13章） (2)“馬克思列宁主义基础”講义（导言—7章）	
	頁数	(1)879頁 (2)480頁	
	已譯中文字数	77万字	
印刷情况	鉛印数字	(1)42万字	
	油印数字	(2)35万字	
发行情况	公开或内部	内部	
	范圍	校内	
	份数	(1)448冊 (2)120冊	
备注	第一种講义即第4—13章的講义是专家1955年以前講課用的，該講义是在1955～56年初鉛印出版的。第(2)种講义，即导言——第七章的講义是专家在苏共20大以后，特意根据20大的精神，对自己往日的講稿修改后交我們付油印的。		

■ 巴甫洛夫登记表

Регистрационная карточка Павлова

■ 马列主义研究班1956届学员欢送苏联专家巴甫洛夫 1956年

Советский специалист Павлов со студентами исследовательской группы 56 года кафедры марксизма-ленинизма перед отъездом на родину 1956 г.

■ 苏联专家巴甫洛夫与马列主义研究班学员合影 1956年

Советский специалист Павлов со студентами кафедры марксизма-ленинизма 1956 г.

贝斯特里赫，1954 年 9 月来校，1956 年 6 月离校，给教员、研究生讲课，编写“马克思列宁主义基础”讲义，译成中文 35 万字。

Быстрых, прибыл в университет в сентябре 1954 г., покинул в июне 1956 г., читал лекции преподавателям и аспирантам. Написал учебное пособие «Основы марксизма-ленинизма», объем которого в переводе на китайский язык составил 350 тысяч знаков.

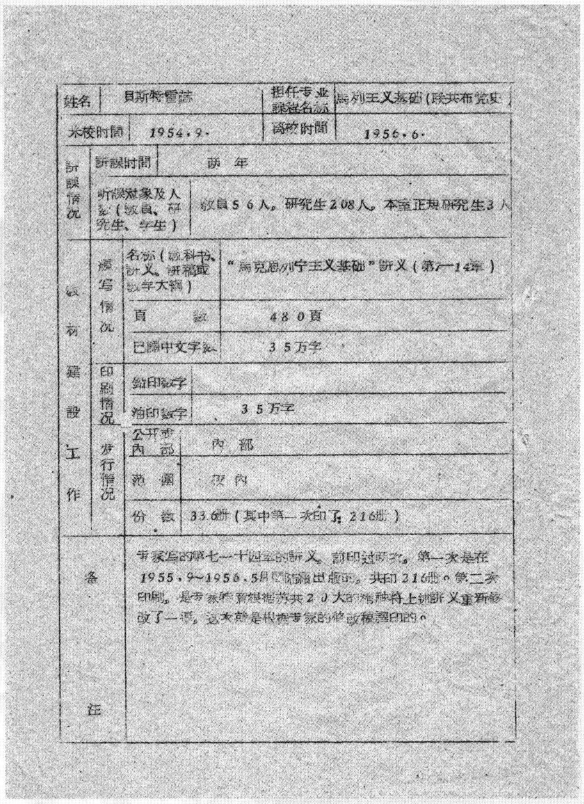

姓名	贝斯特雷赫	担任专业课程名称	马列主义基础（联共布党史）
来校时间	1954.9.	离校时间	1956.6.
讲课情况	讲课时间	两年	
	听课对象及人数（教员、研究生、学生）	教员 5 6 人，研究生 2 08 人，本室正规研究生 3 人	
教材建设工作	编写情况	名称（教科书、讲义、讲稿或教学大纲）	“马克思列宁主义基础”讲义（第7—14章）
		页数	4 8 0 页
		已译中文字数	3 5 万字
	印刷情况	铅印数字	
		油印数字	3 5 万字
	发行情况	公开或内部	内部
		范围	校内
		份数	33.6册（其中第一次印了 216册）
备注	专家写的第七—十四章的讲义，翻印过两次。第一次是在 1955.9~1956.5月间陆续出版的，共印 216册。第二次印刷，是专家在学习苏共 2 0 大的精神将上述讲义重新修改了一遍，这次就是根据专家的修改稿翻印的。		

■ 贝斯特里赫登记表

Регистрационная карточка Быстрых

■ 马列主义研究班马列主义基础专业师生与苏联专家巴甫洛夫（二排右十）、贝斯特里赫（二排右十一）合影　1956 年

Преподаватели и студенты группы по изучению марксизма-ленинизма специальности «Основы марксизма-ленинизма» с советскими специалистами Павловым (десятый справа во втором ряду) и Быстрых (одиннадцатый справа во втором ряду)　1956 г.

中國人民大學合作社

■ 合作社系全体师生与苏联专家合影　1952 年

Памятная фотография коллектива преподавателей и студентов факультета кооперации Народного университета Китая с советскими специалистами　1952 г.

高恩诺夫，1951年来校，1953年离校，给教员及研究生讲授供销合作会计核算课程，编写供销合作社会计教学大纲、贸易会计教学大纲、贸易企业经济活动分析等，翻译为中文2.5万字，内部发行1500份，供教员、研究生、本科生使用。

Кононов, прибыл в университет в 1951 г., покинул в 1953 г., читал для преподавателей и аспирантов лекции по бухгалтерскому учету снабженческо-сбытового кооператива. Написал учебные пособия «Бухгалтерская отчетность снабженческо-сбытового кооператива», «Бухгалтерский учет в торговле», «Анализ хозяйственной деятельности торговых предприятий» и др., в общей сложности в переводе на китайский язык 25 тысяч знаков. Для преподавателей, аспирантов и студентов университета было отпечатано 1500 экземпляров.

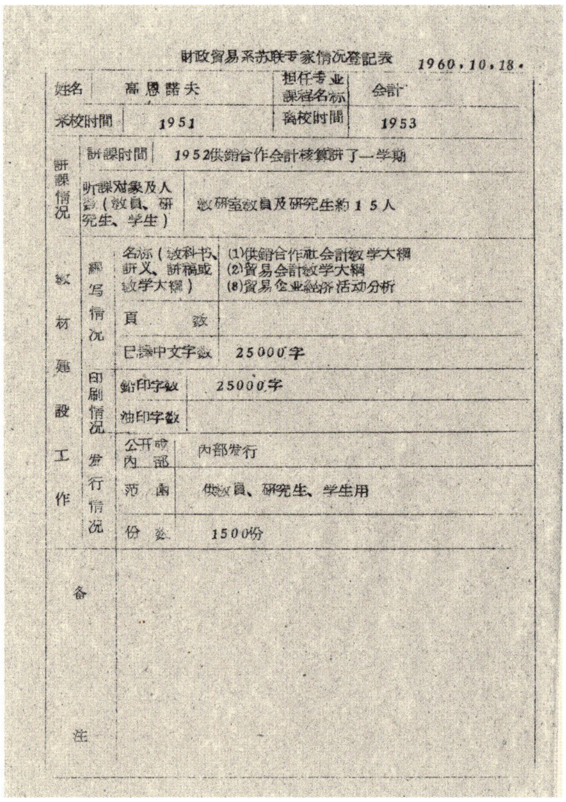

財政貿易系苏联专家情况登記表 1960.10.18.

姓名	高恩諾夫	担任专业課程名称	会計
来校时間	1951	离校时間	1953
講課情况	講課时間	1952供銷合作会計核算講了一学期	
	听課对象及人数（教員、研究生、学生）	教研室教員及研究生約15人	
教材建設工作	編写情况	名称（教科书、講义、講稿或教学大綱）	(1)供銷合作社会計教学大綱 (2)貿易会計教学大綱 (8)貿易企业経济活动分析
		頁数	
		已譯中文字数	25000字
	印刷情况	鉛印字数	25000字
		油印字数	
	发行情况	公开或内部	内部发行
		范围	供教員、研究生、学生用
		份数	1500份
备注			

■ 高恩诺夫登记表

Регистрационная карточка Кононова

■ 合作社系第一届研究生毕业暨苏联专家合影留念，前排右三为苏联专家高恩诺夫　1952 年

Памятная фотография первой группы аспирантов-выпускников факультета кооперации с советскими специалистами, третий справа в первом ряду - советский специалист Кононов　1952 г.

果戈里，1950年9月来校，1952年11月离校，为教员、研究生、本科生及进修人员讲授贸易经济、合作社理论，编写“国内贸易经济”“苏维埃贸易经济”“三十年来的苏维埃贸易”等讲义，翻译成中文约110万字。

Гоголь, прибыл в университет в сентябре 1950 г., покинул в ноябре 1952 г., читал преподавателям, аспирантам, студентам и стажерам лекции по торговле, народному хозяйству и кооперации.Написал учебные пособия «Народное хозяйство страны», «Советское народное хозяйство», «30 лет советскому народному хозяйству», объем работ в переводе на китайский язык составил 1 млн.100 тысяч знаков.

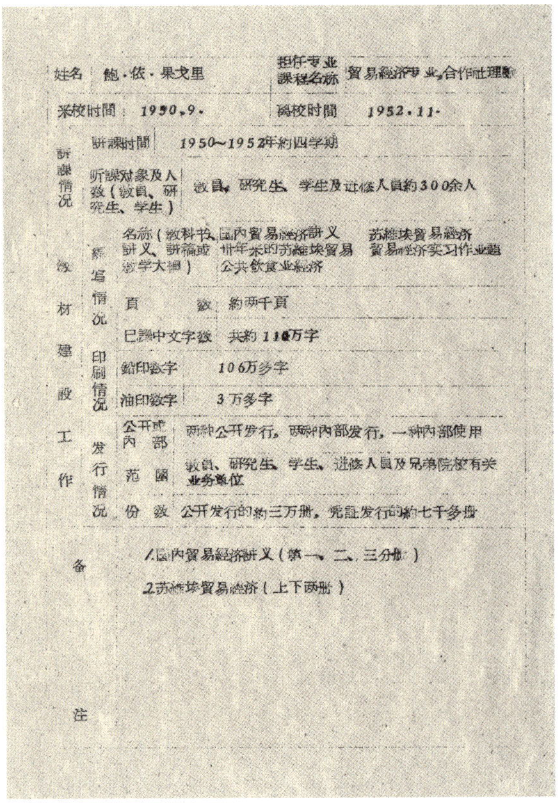

姓名	鲍·依·果戈里	担任专业课程名称	贸易經济专业，合作社理论
来校时間	1950.9.	离校时間	1952.11.
講課情況	講課时間	1950~1952年約四学期	
	听課对象及人数（教員、研究生、学生）	教員、研究生、学生及进修人員約300余人	
教材建設工作	編写情況：名称（教科书、講义、研稿或教学大綱）	国内贸易經济講义 卅年来的苏維埃貿易 公共飲食业經济	苏維埃貿易經济 貿易經济实习作业題
	頁数	約两千頁	
	已譯中文字数	共約110万字	
	印刷情況：鉛印数字	106万多字	
	油印数字	3万多字	
	发行情況：公开或内部	两种公开发行，两种内部发行，一种内部使用	
	范围	教員、研究生、学生、进修人員及兄弟院校有关业务单位	
	份数	公开发行的約三万册，凭証发行的約七千多册	
备注	1.国内贸易經济講义（第一、二、三分册） 2.苏維埃貿易經济（上下两册）		

果戈里登记表

Регистрационная карточка Гоголя

■ 生产合作社教研室全体同志欢送苏联专家果戈里（前排左四）回国 1953 年

Советский специалист Гоголь (четвертый слева в первом ряду) с коллективом преподавателей кафедры производственной кооперации перед отъездом на родину 1953 г.

马卡洛夫，1950 年来校，1952 年离校，为学校教员、研究生、本科学生、轻工业部财务司干部、中央财政干校和北京财经学校的教员讲授会计原理、工业会计、经济活动分析课程，编写《会计核算原理》《会计原理教学大纲》《经济活动分析教学大纲》等，翻译为中文逾 38 万字，其中《会计核算原理》公开发行 10 万册，其余均为内部发行，共印 2550 份。

Макаров, прибыл в университет в 1950 г., покинул в 1952 г., читал преподавателям, аспирантам, студентам, кадровым работникам финансового отдела Министерства легкой промышленности, преподавателям Центральной финансовой школы кадров и преподавателям Пекинского института финансов и экономики лекции по таким дисциплинам, как основные принципы бухгалтерского учета, бухгалтерский учет в промышленности, анализ хозяйственой деятельности. Написал учебные пособия «Принципы бухгалтерского учета», «Бухгалтерская отчетность», «Анализ хозяйственной деятельности», в переводе на китайский язык их совокупный объем составил 380 тысяч знаков. При этом учебник «Основные принципы бухгалтерского учета» был выпущен официальным тиражом в 100 тысяч экземпляров, остальные учебные пособия были отпечатаны для внутреннего университетского пользования в количестве 2550 экземпляров.

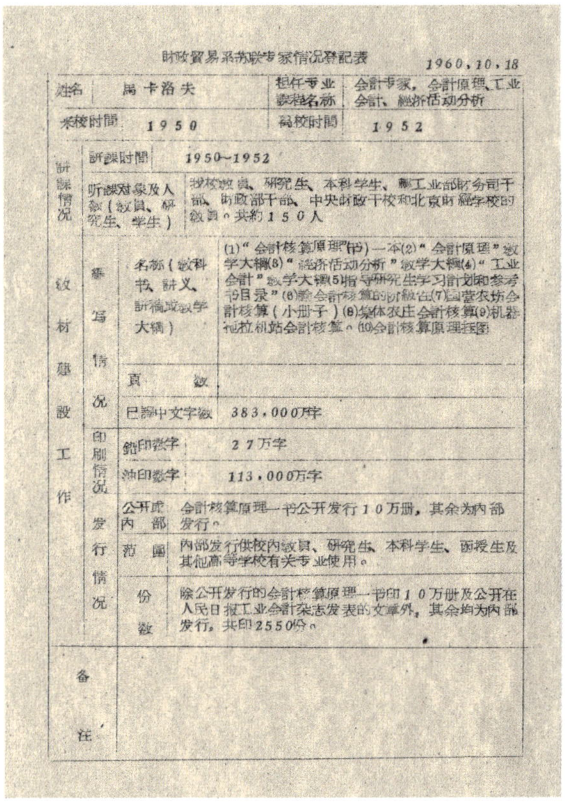

財政貿易系苏联专家情况登記表 1960.10.18

姓名	馬卡洛夫	担任专业課程名称	会計专家，会計原理、工业会計、經济活动分析
来校时間	1950	离校时間	1952
講課情况	講課时間	1950~1952	
	听課对象及人数（教員、研究生、学生）	学校教員、研究生、本科学生、輕工业部財务司干部、財政部干部、中央財政干校和北京財經学校的教員。共約150人	
教材建設工作	編写情况	名称（教科书、講义、講稿或教学大綱）	(1)"会計核算原理"(书)一本(2)"会計原理"教学大綱(3)"經济活动分析"教学大綱(4)"工业会計"教学大綱(5)指导研究生学习計划和参考书目录"(6)論会計核算的阶級性(7)国营农场会計核算（小册子）(8)集体农庄会計核算(9)机器拖拉机站会計核算。(10)会計核算原理挂图
		頁数	
		已譯中文字数	383,000万字
	印刷情况	鉛印数字	27万字
		油印数字	113,000万字
	发行情况	公开或内部	会計核算原理一书公开发行10万册，其余为内部发行。
		范圍	内部发行供校内教員、研究生、本科学生、函授生及其他高等学校有关专业使用。
		份数	除公开发行的会計核算原理一书印10万册及公开在人民日报工业会計杂志发表的文章外，其余均为内部发行，共印2550份。
备注			

马卡洛夫登记表

Регистрационная карточка Макарова

■ 财政系会计教研室欢送苏联专家马卡洛夫回国，第二排就坐者左八为马卡洛夫，左六为高恩诺夫

Памятная фотография советского специалиста Макарова с коллективом кафедры бухгалтерского учета факультета финансов перед возвращением на родину; восьмой слева во втором ряду сидит Макаров, шестой – Кононов

中國人民大學歡
На память
Этеля

■ 欢送苏联专家果戈里（前排左四）、马卡洛夫（前排左八）等回国，前排左七为吴玉章校长，前排左五为胡锡奎副校长　1952 年

Памятная фотография перед возвращением советских специалистов - Гоголя (четвертый слева в первом ряду), Макарова (восьмой слева в первом ряду), Боташова, Этеля и Гримма - на родину. Седьмой слева в первом ряду - ректор У Юйчжан, пятый слева в первом ряду - проректор Ху Сикуй　1952 г.

包德列夫，1950年来校，1953年离校，给学校教员、研究生、进修生、专修科学生讲授财政学、国家预算，编写苏联国家财政提纲、国家财政学讲义等。

Болдырев, прибыл в университет в 1950 г., покинул в 1953 г., читал преподавателям, аспирантам, стажерам и студентам специальных курсов университета лекции по финансам и государственному бюджету. Написал учебные пособия «Государственные финансы в СССР» и «Лекции по государственным финансам».

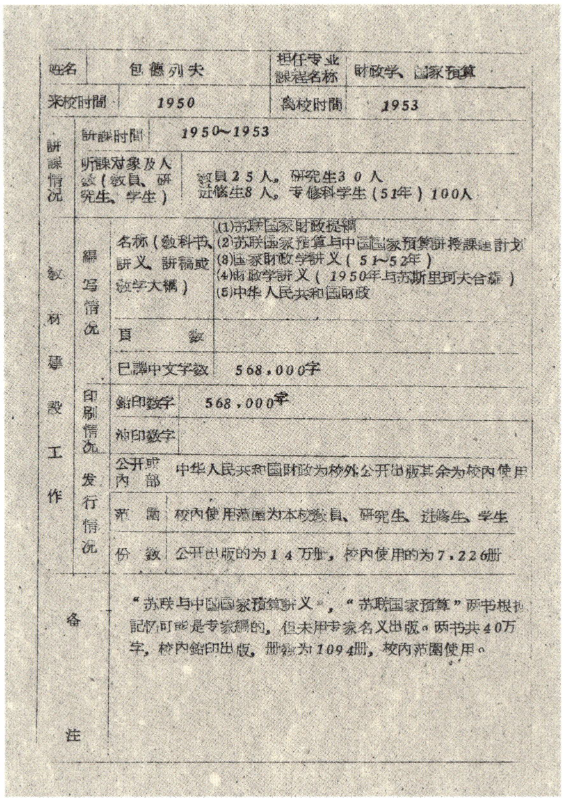

姓名	包德列夫	担任专业課程名称	財政学、国家預算
来校时間	1950	离校时間	1953
講課情况	講課时間	1950~1953	
	听課对象及人数（教員、研究生、学生）	教員25人，研究生30人 进修生8人，专修科学生（51年）100人	
教材建設工作	編写情况	名称（教科书、講义、講稿或教学大綱）	(1)苏联国家財政提綱 (2)苏联国家預算与中国国家預算講授課程計划 (3)国家財政学講义（51~52年） (4)財政学講义（1950年与苏斯里珂夫合編） (5)中华人民共和国財政
		頁数	
		已譯中文字数	568,000字
	印刷情况	鉛印数字	568,000字
		油印数字	
	发行情况	公开或内部	中华人民共和国財政为校外公开出版其余为校内使用
		范圍	校内使用范圍为本校教員、研究生、进修生、学生
		份数	公开出版的为14万册，校内使用的为7,226册
备注	"苏联与中国国家預算講义"，"苏联国家預算"两书根据記忆可能是专家編的，但未用专家名义出版。两书共40万字，校内鉛印出版，册数为1094册，校内范圍使用。		

包德列夫登记表

Регистрационная карточка Болдырева

■ 财政教研室欢送苏联专家包德列夫（前排左五）回国　1953 年

Памятная фотография всех членов кафедры финансов с советским специалистом Болдыревым (пятый слева в первом ряду) перед его возвращением на родину　1953 г.

中國人民大學專修科合作班第三期全体

■ 中国人民大学专修科合作班第三期全体毕业同学与校领导、苏联专家及教职员合影　1953 年

Памятная фотография слушателей третьего выпуска специальных курсов по кооперации с руководителями, преподавателями, работниками Народного университета Китая и советскими специалистами　1953 г.

约菲，1950年8月来校，1953年8月离校，为教员、专修科学生、本科生、研究生、进修生讲授工业企业组织与计划课程，编写工业企业组织与计划讲义，翻译成中文38万字，公开发行16万册，供各高等院校及部、局、企业等单位使用。

И.Д.Иоффе, прибыл в университет в августе 1950 г., покинул в августе 1953 г., читал преподавателям, слушателям спецкурсов, студентам, аспирантам и стажерам лекции по организации промышленных предприятий и планированию. Написал учебник «Организация промышленных предприятий и планирование», в переводе на китайский язык объемом в 380 тысяч знаков. Официальный тираж учебника составил 160 тысяч экземпляров, учебник использовался во всех вузах Китая, а также в министерствах и ведомствах, в учреждениях и на разных предприятиях страны.

季可夫，1950年来校，1951年离校，编写技术定额制定原理，翻译成中文发行3万册，供人民大学和其他高校使用。

Н.Д.Диков, прибыл в университет в 1950 г., покинул в 1951 г. Написал учебник «Основные принципы разработки технических норм»; переведенный на китайский язык учебник был выпущен тиражом 30 тысяч экземпляров и предназначался для использования в Народном университете и других вузах страны.

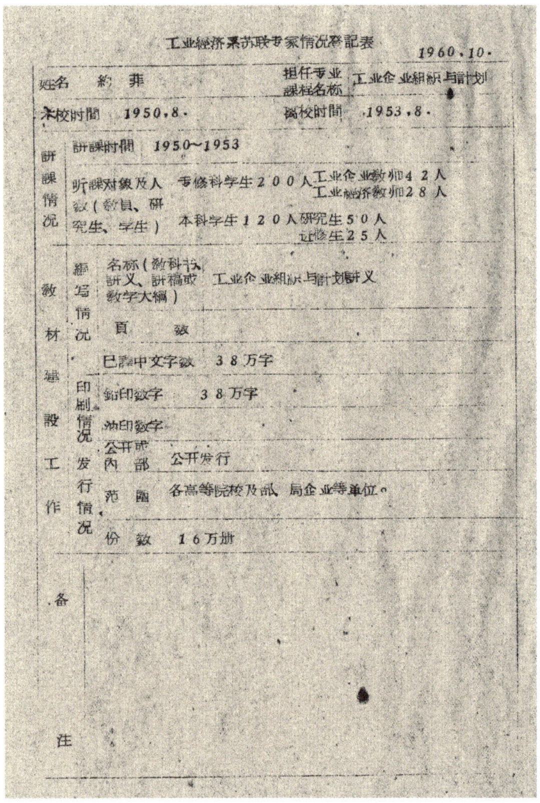

工业经济系苏联专家情况登记表 1960.10.

姓名 约菲 | 担任专业课程名称 工业企业组织与計划
来校时间 1950.8. | 离校时间 1953.8.
讲课情况：讲课时间 1950~1953
听课对象及人数（教员、研究生、学生）：专修科学生200人 工业企业教师42人 工业经济教师28人 本科学生120人 研究生50人 进修生25人
教材建设工作：
编写情况 名称（教科书、讲义、讲稿或教学大纲）：工业企业组织与計划讲义
頁数：
已译中文字数：38万字
印刷情况 铅印数字：38万字
油印数字：
发行情况 公开或内部：公开发行
范围：各高等院校及部、局企业等单位。
份数：16万册
备注

■ 约菲登记表

Регистрационная карточка И.Д.Иоффе

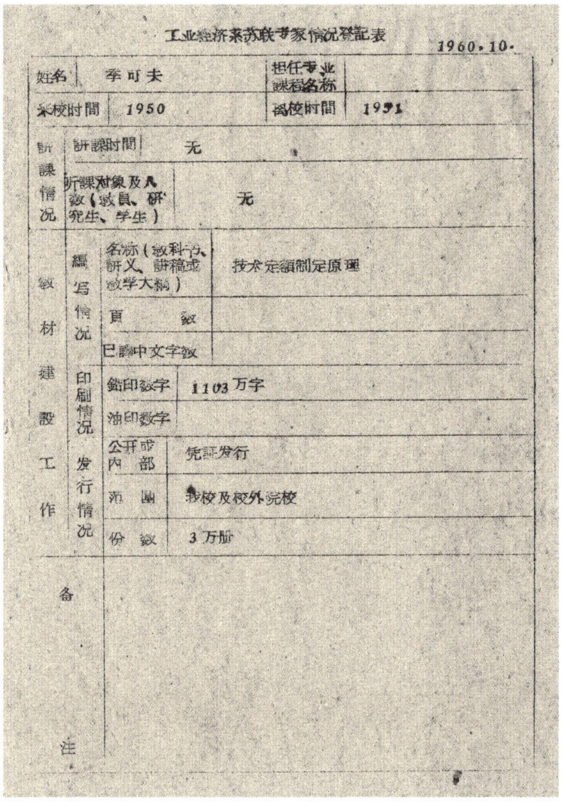

工业经济系苏联专家情况登记表 1960.10.

姓名 季可夫 | 担任专业课程名称
来校时间 1950 | 离校时间 1951
讲课情况：讲课时间 无
听课对象及人数（教员、研究生、学生）：无
教材建设工作：
编写情况 名称（教科书、讲义、讲稿或教学大纲）：技术定额制定原理
頁数：
已译中文字数：
印刷情况 铅印数字：1103万字
油印数字：
发行情况 公开或内部：凭証发行
范围：我校及校外院校
份数：3万册
备注

■ 季可夫登记表

Регистрационная карточка Н.Д.Дикова

■ 校党组成员、教务部副部长李培之（前排左三）与工业经济教研室中苏教师合影，前排左二为苏联专家约菲，前排右三为苏联专家季可夫　1950 年

Члены партийной организации университета, проректор по учебной части Ли Пэйчжи (третья слева в первом ряду) и китайские и советские преподаватели кафедры промышленности и народного хозяйства: второй слева в первом ряду – советский специалист И.Д.Иоффе, третий справа в первом ряду - советский специалист Н.Д.Диков　1950 г.

巴格达诺维奇，1952年10月来校，1955年离校，给工业经济系教员、研究生及本科生讲授工业经济课程，编写《工业经济》一、二、三分册，翻译成中文47万字，发行202万册，供高等院校、科学研究机构及部、局、厂矿等单位使用。

А.В.Богданович, прибыл в университет в октябре 1952 г., покинул в 1955 г., читал преподавателям, аспирантам и студентам лекции по промышленной экономике. Написал первую, вторую и третью часть учебника «Промышленная экономика», в переводе на китайский язык их объем составил 470 тысяч знаков. Учебник был выпущен тиражом 2 млн.20 тысяч экземпляров и использовался в вузах, научно-исследовательских организациях, министерствах, ведомствах, на заводах и шахтах.

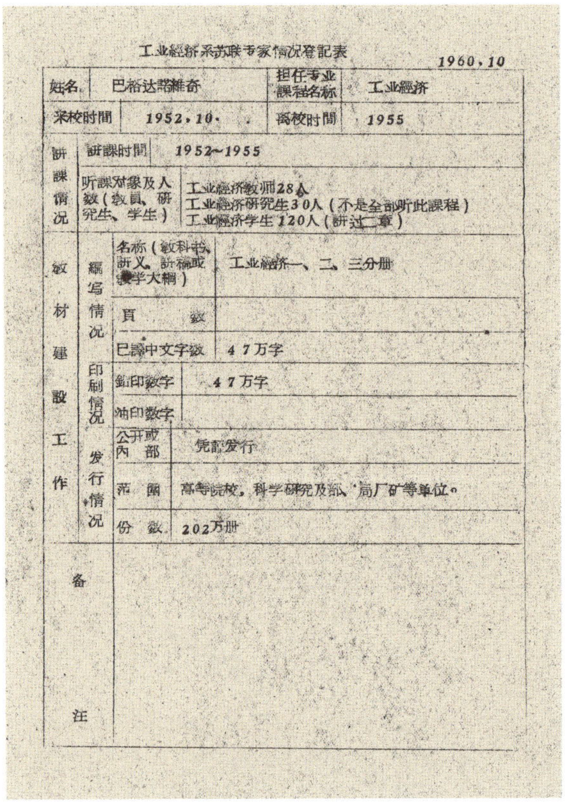

工业經济系苏联专家情况登記表 1960，10

姓名	巴裕达諾維奇	担任专业課程名称	工业經济
来校时間	1952，10．	离校时間	1955
講課情况	講課时間	1952~1955	
	听課对象及人数（教員、研究生、学生）	工业經济教师28人 工业經济研究生30人（不是全部听此課程） 工业經济学生120人（講过二章）	
教材建設工作	編写情况	名称（教科书、講义、講稿或教学大綱）	工业經济一、二、三分册
		頁数	
		已譯中文字数	47万字
	印刷情况	鉛印数字	47万字
		油印数字	
	发行情况	公开或内部	凭証发行
		范圍	高等院校，科学研究及部、局厂矿等单位。
		份数	202万册
备注			

巴格达诺维奇登记表

Регистрационная карточка А.В.Богдановича

■ 工业经济教研室中苏教师合影，前排左四为苏联专家巴格达诺维奇　1952 年

Китайские и советские преподаватели кафедры промышленности и народного хозяйства, четвертый слева в первом ряду – советский специалист А.В.Богданович　1952 г.

■ 工业经济教研室教员同苏联专家巴格达诺维奇（前排右四）合影　1952 年

Преподаватели кафедры промышленности и народного хозяйства с советским специалистом А.В.Богдановичем (четвертый справа в первом ряду)　1952 г.

乌而科夫，1950年8月来校，1951年7月离校，给工业经济系教员、进修生、专修科学生讲授工业经济课程，编写工业经济讲稿、工业经济讲义，翻译成中文总共66万字，其中工业经济讲义发行2万册，供人民大学师生和其他高等院校、科研单位使用。

Урков, прибыл в университет в августе 1950 г., покинул в июле 1951 г., читал преподавателям, стажерам и слушателям специальных курсов лекции по промышленной экономике. Составил конспекты лекций и учебное пособие по промышленной экономике, в переводе на китайский язык их общий объем составил 660 тысяч знаков. Учебное пособие было выпущено в количестве 20 тысяч экземпляров и предназначалось для использования в Народном университете, а также в других высших учебных заведениях и научных учреждениях.

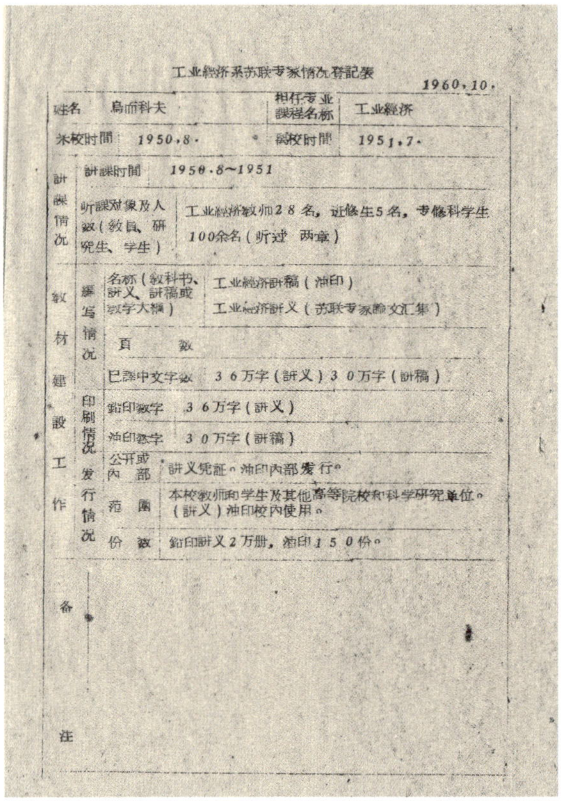

工业經济系苏联专家情况登記表

1960，10.

姓名	烏而科夫	担任专业課程名称	工业經济
来校时間	1950.8.	离校时間	1951.7.
講課情况	講課时間	1950.8～1951	
講課情况	听課对象及人数（教員、研究生、学生）	工业經济教师28名，进修生5名，专修科学生100余名（听过两章）	
教材建設工作	編写情况	名称（教科书、講义、講稿或教学大綱）	工业經济講稿（油印） 工业經济講义（苏联专家論文汇集）
教材建設工作	編写情况	頁数	
教材建設工作	編写情况	已譯中文字数	36万字（講义）30万字（講稿）
教材建設工作	印刷情况	鉛印数字	36万字（講义）
教材建設工作	印刷情况	油印数字	30万字（講稿）
教材建設工作	发行情况	公开或内部	講义凭証。油印内部发行。
教材建設工作	发行情况	范圍	本校教师和学生及其他高等院校和科学研究单位。（講义）油印校内使用。
教材建設工作	发行情况	份数	鉛印講义2万册，油印150份。
备注			

■ 乌而科夫登记表

Регистрационная карточка Уркова

■ 工业经济教研室欢送苏联专家乌而科夫（前排左四）回国　1951 年

Советский специалист Урков (четвертый слева в первом ряду) с преподавателями кафедры промышленности и народного хозяйства перед отъездом на родину　1951 г.

毕尔曼，1954年来校，1956年离校，给教员、研究生、各工业部财政部门财务干部讲授国民经济各部门财务课程，编写苏联国民经济财务、国民经济各部门财务教学方法问题汇编等，翻译成中文逾58万字，其中国民经济各部门财务教学方法问题汇编公开发行近2万册，其余均为内部发行。

Бирман, прибыл в университет в 1954 г., покинул в 1956 г., читал преподавателям и аспирантам университета, а также кадровым работникам финансовых отделов разных ведомств Министерства промышленности лекции по финансам в разных отраслях народного хозяйства. Написал книгу «Финансы в народном хозяйстве СССР» и сборник «Вопросы методики преподавания финансового дела в разных отраслях народного хозяйства», общим объемом в переводе на китайский язык 580 тысяч знаков. Учебное пособие «Методика преподавания финансового дела в различных ведомствах народного хозяйства Китая» было издано тиражом 20 тысяч экземпляров, другие материалы выпускались внутриведомственно.

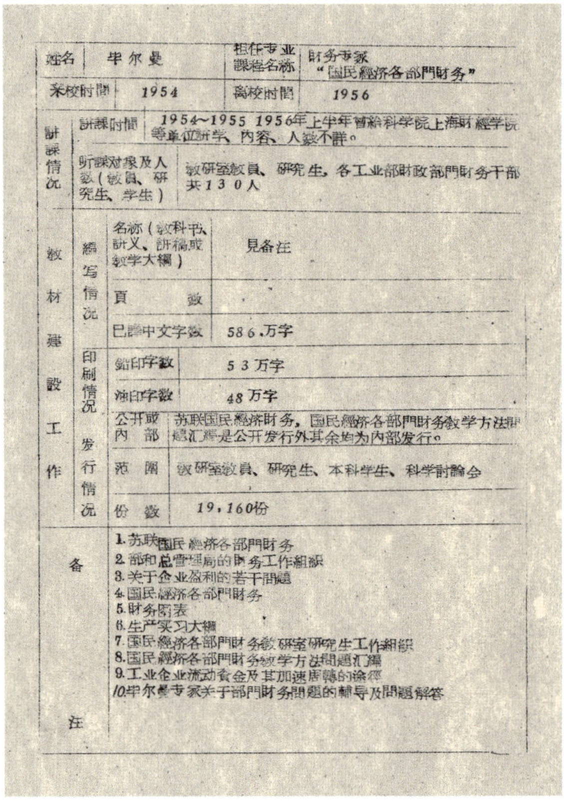

姓名	毕尔曼	担任专业課程名称	财务专家 “国民經济各部門财务”
来校时間	1954	离校时間	1956
講課情况	講課时間	1954~1955 1956年上半年曾給科学院上海財經学院等单位講学、內容、人数不詳。	
	听課对象及人数（教員、研究生、学生）	教研室教員、研究生，各工业部財政部門财务干部共130人	
教材建設工作	編写情况	名称（教科书、講义、講稿或教学大綱）	見备注
		頁数	
		已譯中文字数	586.万字
	印刷情况	鉛印字数	53万字
		油印字数	48万字
	发行情况	公开或內部	苏联国民經济财务，国民經济各部門财务教学方法問題汇编是公开发行外其余均为內部发行。
		范圍	教研室教員、研究生、本科学生、科学討論会
		份数	19,160份
备注	1.苏联国民經济各部門财务 2.部和总管理局的財务工作組織 3.关于企业盈利的若干問題 4.国民經济各部門财务 5.财务图表 6.生产实习大綱 7.国民經济各部門财务教研室研究生工作組織 8.国民經济各部門财务教学方法問題汇编 9.工业企业流动資金及其加速周轉的途徑 10.毕尔曼专家关于部門财务問題的輔导及問題解答		

■ 毕尔曼登记表

Регистрационная карточка Бирмана

■ 财政系欢送苏联专家毕尔曼（前排左七）回国，前排左八为邹鲁风副校长　1956 年

Советский специалист Бирман (седьмой слева в первом ряду) с коллективом финансового факультета перед отъездом на родину, восьмой слева в первом ряду – проректор университета Цзоу Луфэн　1956 г.

■ 财政系全体教员欢送苏联专家毕尔曼（二排右八）回国　1956 年

Советский специалист Бирман (восьмой справа во втором ряду) с коллективом финансового факультета перед отъездом на родину　1956 г.

中國人民大學法

■ 法律系教员与苏联专家合影　1954 年

Преподаватели юридического факультета с советскими специалистами　1954 г.

谢米里亨，1950 年 9 月来校，1953 年 9 月离校，给教员、研究生讲授国家与法权理论课程，编写国家与法权理论讲稿，翻译成中文逾 13 万字，内部发行 455 本。

Е.М.Семерихин, прибыл в университет в сентябре 1950г., покинул в сентябре 1953 г., читал преподавателям и аспирантам лекции по теории государства и права. Написал учебное пособие «Государство и право», в переводе на китайский язык объемом более 130 тысяч знаков. Для внутреннего пользования было отпечатано 455 экземпляров.

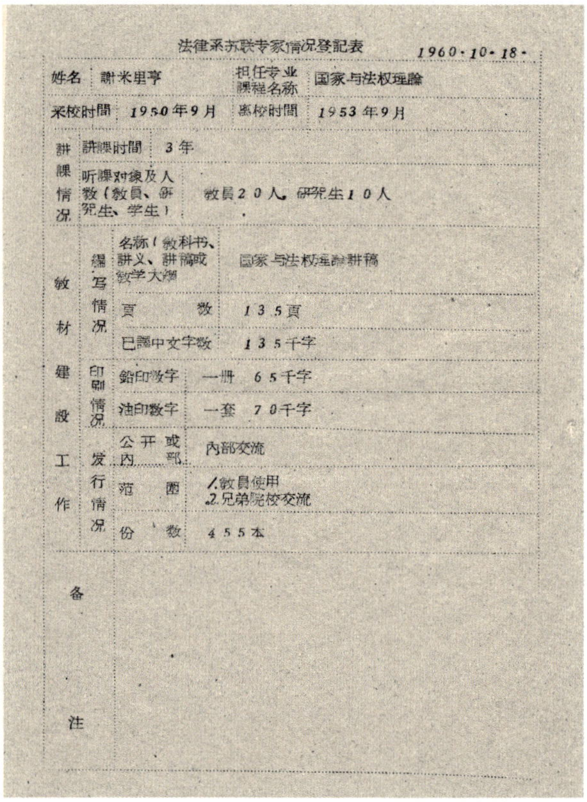

法律系苏联专家情况登記表 1960·10·18·

姓名	謝米里亨	担任专业課程名称	国家与法权理論
来校时間	1950年9月	离校时間	1953年9月
講課情况	講課时間	3年	
講課情况	听課对象及人数（教員、研究生、学生）	教員20人，研究生10人	
教材建設工作	編写情况	名称（教科书、講义、講稿或教学大綱）	国家与法权理論講稿
教材建設工作	編写情况	頁数	135頁
教材建設工作	編写情况	已譯中文字数	135千字
教材建設工作	印刷情况	鉛印数字	一册 65千字
教材建設工作	印刷情况	油印数字	一套 70千字
教材建設工作	发行情况	公开或内部	内部交流
教材建設工作	发行情况	范圍	1.教員使用 2.兄弟院校交流
教材建設工作	发行情况	份数	455本
备注			

■ 谢米里亨登记表

Регистрационная карточка Е.М.Семерихина

■ 欢送苏联专家包德列夫（前排左五）、谢米里亨（前排左三）回国，前排左四为吴玉章校长，前排左二为胡锡奎副校长　1953 年

Памятная фотография перед возвращением советских специалистов Болдырева (пятый слева в первом ряду) и Семерихина (третий слева в первом ряду) на родину. Четвертый слева в первом ряду - ректор У Юйчжан, второй слева в первом ряду - проректор Ху Сикуй　1953 г.

■ 苏联专家在法律专修科毕业典礼上讲话　1951 年

Советский специалист выступает с речью на церемонии окончания факультативного обучения на юридическом факультете　1951 г.

■ 国际法教研室庆祝十月社会主义革命 33 周年合影　1950 年

Кафедра международного права в день 33 годовщины Великой Октябрьской революции　1950 г.

贝斯特洛娃，1950年10月来校，1952年6月离校，给教员、研究生、本科生讲授苏维埃刑法课程，编写苏维埃刑法讲稿、苏维埃刑事诉讼讲义、苏维埃法院组织讲义等，翻译成中文50万字，内部发行6890册，供学校师生使用。

А.И.Быстрова, прибыла в университет в октябре 1950 г., покинула в июне 1952 г., читала преподавателям, аспирантам и студентам лекции по советскому уголовному праву. Написала учебные пособия «Советское уголовное право», «Советское судопроизводство», «Организация судебных органов в СССР», в переводе на китайский язык их общий объем составил 500 тысяч знаков. Для внутреннего пользования было отпечатано 6890 экземпляров, материалы использовали преподаватели и студенты университета.

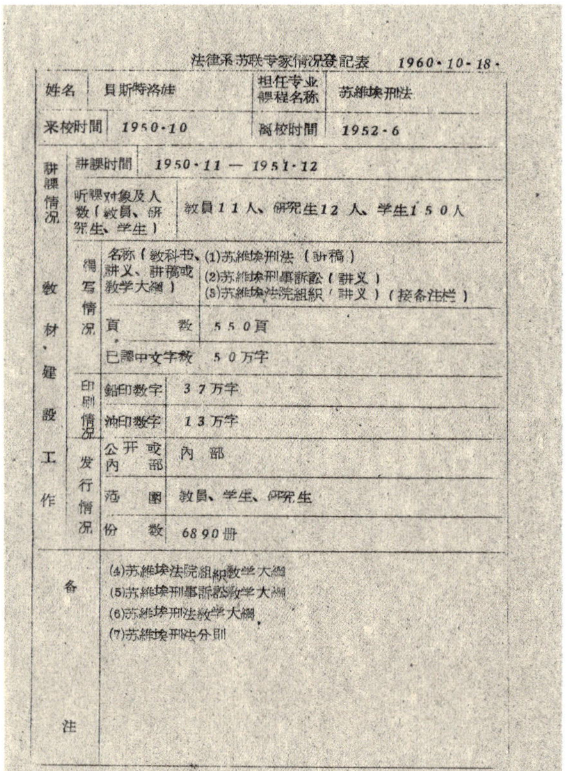

法律系苏联专家情况登記表 1960·10·18·

姓名	貝斯特洛娃	担任专业課程名称	苏維埃刑法
来校时間	1950·10	离校时間	1952·6
讲課情况	讲課时間		1950·11 — 1951·12
	听課对象及人数（教員、研究生、学生）		教員11人、研究生12人、学生150人
教材、建設工作	编写情况	名称（教科书、讲义、讲稿或教学大綱）	(1)苏維埃刑法（讲稿） (2)苏維埃刑事訴訟（讲义） (3)苏維埃法院組織（讲义）（接备注栏）
		頁数	550頁
		已譯中文字数	50万字
	印刷情况	鉛印数字	37万字
		油印数字	13万字
	发行情况	公开或内部	内部
		范圍	教員、学生、研究生
		份数	6890册
备注			(4)苏維埃法院組織教学大綱 (5)苏維埃刑事訴訟教学大綱 (6)苏維埃刑法教学大綱 (7)苏維埃刑法分則

■ 贝斯特洛娃登记表

Регистрационная карточка А.И.Быстровой

■ 刑法教研室欢送苏联专家贝斯特洛娃（前排右五）回国　1952 年

Советский специалист А.И.Быстрова (пятая справа в первом ряду) с коллективом кафедры уголовного права перед отъездом на родину　1952 г.

■ 法学院研究生与苏联专家在颐和园 1953 年

Аспиранты института правоведения с советским специалистом Е.М.Семерихиным (в центре в шляпе) в парке Ихэюань 1953 г.

瓦里阿赫梅托夫，1952年3月来校，1955年6月离校，给教员、研究生讲授苏联国家与法权历史、国家与法权通史、政治学说史等三门课程，编写苏联国家与法权历史提纲、国家与法权通史提纲约3万字，内部发行供校内教员、研究生及校外有关教员使用。

Валихметов, прибыл в университет в марте 1952 г., покинул в июне 1955 г., читал преподавателям и аспирантам лекции по трем предметам: истории советского государства и права, общей истории государства и права, истории политических учений. Написал тезисы «История советского государства и права» и тезисы «Общая история политических учений» в переводе на китайский язык объемом 30 тысяч знаков. Пособия предназначались как для внутреннего пользования преподавателям и аспирантам нашего университета, так и для преподавателей других вузов.

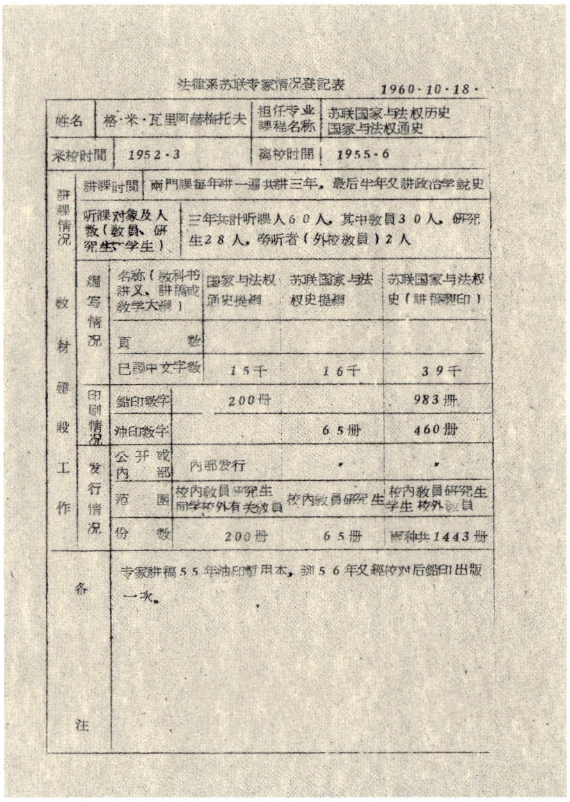

法律系苏联专家情况登記表 1960·10·18·

姓名		格·米·瓦里阿赫梅托夫	担任专业課程名称	苏联国家与法权历史 国家与法权通史	
来校时間		1952·3	离校时間	1955·6	
講課情况	講課时間	兩門課每年講一遍共講三年，最后半年又講政治学説史			
	听課对象及人数（教員、研究生、学生）	三年共計听課人60人，其中教員30人，研究生28人，旁听者（外校教員）2人			
教材編纂工作	編写情况	名称（教科书、講义、講稿或教学大綱）	国家与法权通史提綱	苏联国家与法权史提綱	苏联国家与法权史（講稿翻印）
		頁数			
		已譯中文字数	15千	16千	39千
	印刷情况	鉛印数字	200册		983册
		油印数字		65册	460册
	发行情况	公开或内部	内部发行	〃	〃
		范圍	校内教員研究生同学校外有关教員	校内教員研究生	校内教員研究生学生校外教員
		份数	200册	65册	两种共1443册
备注		专家講稿55年油印暫用本，到56年又經校对后鉛印出版一次。			

瓦里阿赫梅托夫登记表

Регистрационная карточка Валихметова

法律系欢送苏联专家瓦里阿赫梅托夫（前排右五）回国　1955年

Советский специалист Валихметов (пятый справа в первом ряду) с коллективом юридического факультета перед отъездом на родину　1955 г.

珂尔金，1954年11月来校，1956年6月离校，给教员、研究生、政法干部讲授苏维埃犯罪对策学课程，编写苏维埃犯罪对策学讲义，翻译成中文45万字，内部发行3万册，供学校教员、学生、公安干部使用。

В.Я.Корькин, прибыл в университет в ноябре 1954 г., покинул в июне 1956 г., читал преподавателям, аспирантам и политработникам лекции о советских мерах противодействия преступлениям. Написал учебное пособие «Советская стратегия противодействия преступлениям», в переводе на китайский язык объем составил 450 тысяч знаков. Для внутреннего пользования в университете было отпечатано 30 тысяч экземпляров, учебное пособие предназначалось преподавателям, студентам и работникам общественной безопасности.

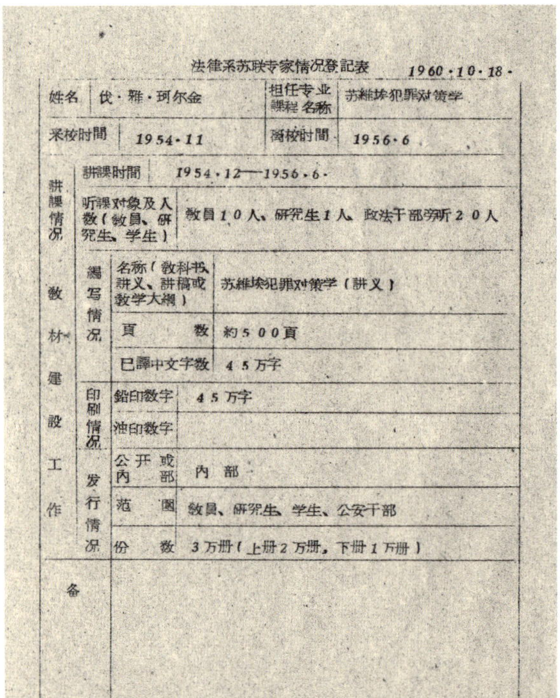

法律系苏联专家情况登記表 1960·10·18·

姓名	伐·雅·珂尔金	担任专业課程名称	苏維埃犯罪对策学
来校时間	1954·11	离校时間	1956·6

講課情况		講課时間	1954·12—1956·6·
		听課对象及人数（教員、研究生、学生）	教員10人、研究生1人、政法干部旁听20人
教材建設工作	編写情况	名称（教科书、講义、講稿或教学大綱）	苏維埃犯罪对策学（講义）
		頁数	約500頁
		已譯中文字数	45万字
	印刷情况	鉛印数字	45万字
		油印数字	
	发行情况	公开或内部	内部
		范圍	教員、研究生、学生、公安干部
		份数	3万册（上册2万册，下册1万册）
备注			

珂尔金登记表

Регистрационная карточка В.Я.Корькина

■ 法律系教员与苏联专家瓦里阿赫梅托夫（左一）、珂尔金（右二）合影

Преподаватели юридического факультета и советские специалисты Валихметов (первый слева) и В.Я.Корькин (второй справа)

■ 苏联专家珂尔金（左三）与法律系教员一起对毕业生进行考核　1956 年

Советский специалист В.Я.Корькин (третий слева) и преподаватели юридического факультета проводят аттестацию выпускников　1956 г.

■ 法律系教员与苏联专家春游，右一为苏联专家瓦里阿赫梅托夫，右二为苏联专家珂尔金

Преподаватели юридического факультета и советские специалисты на весенней прогулке, первый справа - советский специалист Валихметов, второй справа - советский специалист В.Я.Корькин

苏联专家、法律系教员与 1952 级、1953 级研究生合影　1953 年

Советский специалист , преподаватели и аспиранты набора 1952, 1953 гг.　1953 г.

苏联专家在给学员授课　1953 年

Советский специалист читает лекцию студентам　1953 г.

■ 苏联专家与法律系师生合影，前排左四为何思敬教授 1953 年

Советский специалист с преподавателями и студентами юридического факультета, четвертый слева в первом ряду - профессор Хэ Сыцзин 1953 г.

■ 何思敬教授与苏联专家合影 1953 年

Профессор Хэ Сыцзин и советский специалист 1953 г.

中国人

■ 刑法教研室教员与苏联专家合影 1954 年

Преподаватели кафедры уголовного права
и советские специалисты 1954 г.

■ 苏联专家在给学员授课　1953 年

Советский специалист ведет занятие с преподавателями университета　1953 г.

■ 首届法律系学员与苏联专家合影

Первая группа преподавателей юридического факультета с советским специалистом

谢列兹涅夫，1952 年 10 月来校，1955 年 8 月离校，给教员、研究生、学生讲授档案课程，编写苏联档案工作的理论与实践、苏联档案史、苏联文献公布学、苏联档案工作的历史理论与实践等 16 种讲义讲稿，翻译成中文 35 万字，公开发行三种，内部发行两种，并在北京、上海、南京等地做报告四次。

Селезнев, прибыл в университет в ноябре 1952 г., покинул в августе 1955г., читал преподавателям, аспирантам и студентам лекции по архивному делу. Написал 16 учебных пособий, среди них «Теория и практика архивной работы в СССР», «История архивов в СССР», «О публикации исторических документов в СССР», «Теория и практика истории архивной работы в СССР», объем которых в переводе на китайских язык составил 350 тысяч знаков. Официально были изданы 3 учебных пособия, для внутреннего пользования выпущены 2. Помимо этого Селезнев 4 раза выступал с докладами в Пекине, Шанхае и Нанкине.

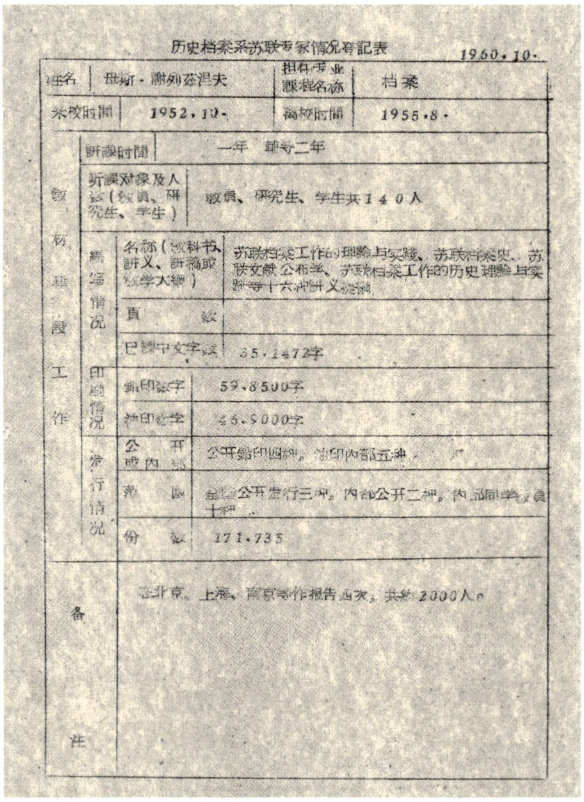

历史档案系苏联专家情况登記表 1960，10.

姓名	毋斯·谢列兹涅夫	担任专业課程名称	档案
来校时間	1952，10.	离校时間	1955.8.
教材編設工作	講課时間		一年 輔导二年
	听課对象及人数（教員、研究生、学生）		教員、研究生、学生共140人
	編写情况	名称（教科书、講义、講稿或教学大綱）	苏联档案工作的理論与实踐、苏联档案史、苏联文献公布学、苏联档案工作的历史理論与实踐等十六种講义讲稿
		頁数	
		已譯中文字数	35，1472字
	印刷情况	鉛印数字	59，8500字
		油印数字	46，9000字
	发行情况	公开或内部	公开鉛印四种，油印内部五种
		范围	全国公开发行三种，内部公开二种，内部同学教員十种
		份数	171，735
备注			在北京、上海、南京等作報告四次，共約2000人。

谢列兹涅夫登记表

Регистрационная карточка Селезнева

■ 国家档案局局长兼中央档案馆馆长曾三（右二）来校看望苏联专家谢列兹涅夫（左三），在“铁一号”合影，右三为吴玉章校长，右一为中央档案馆常务副馆长裴桐，左二为档案系系主任吴宝康　1954 年

Начальник Государственного архивного управления и по совместительству директор Центрального Архива Цзэн Сань (второй справа) посещает в университете советского специалиста Селезнева (третий слева), фото на фоне первого железнодорожного вокзала; третий справа – ректор Народного университета Китая У Юйчжан, первый справа – постоянный заместитель директора Центрального Архива Пай Тун, второй слева – декан факультета архивного дела У Баокан　1954 г.

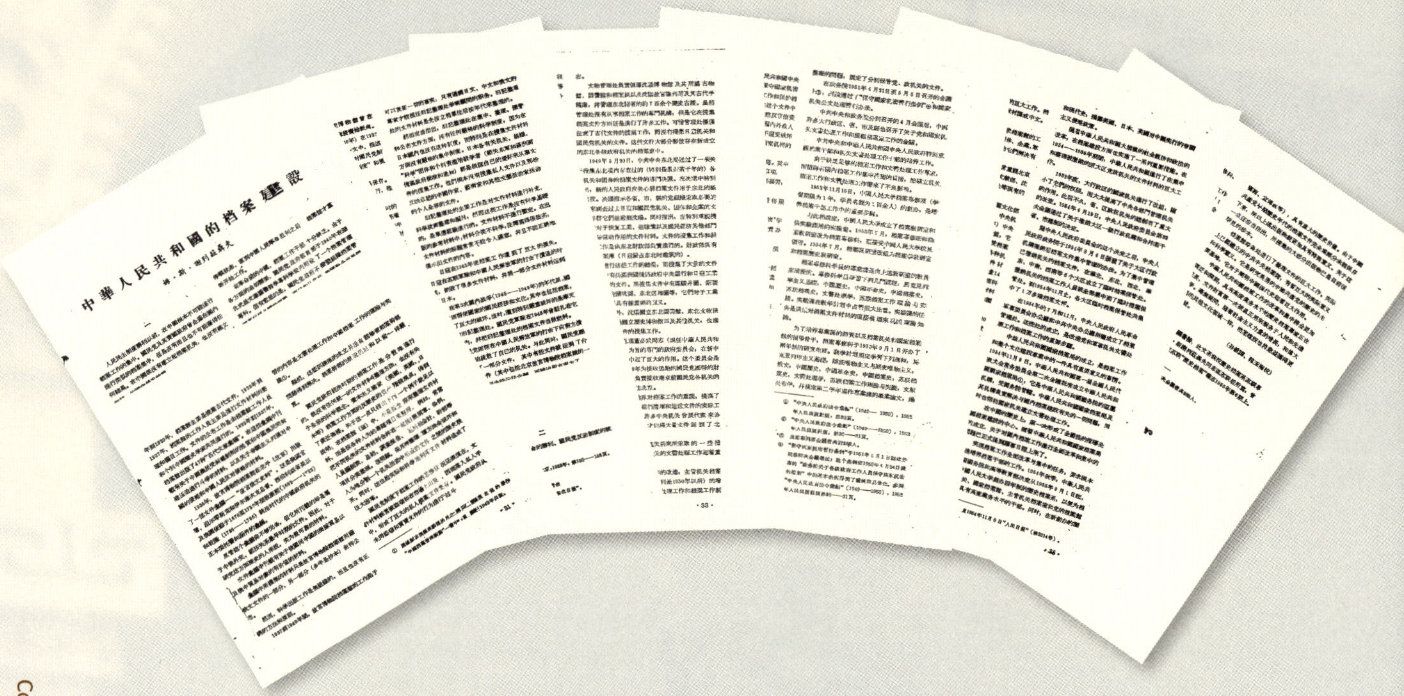

苏联专家谢列兹涅夫在《教学与研究》1956 年第六期发表的文章《中华人民共和国的档案建设》

Статья советского специалиста Селезнева «Создание архивов в Китайской Народной Республике», опубликованная в 6 номере журнала «Обучение и исследование» за 1956 г.

■ 档案教研室第一届毕业研究生合影，前排左五为吴玉章校长、前排左四为苏联专家谢列兹涅夫、前排左六为国家档案局局长兼中央档案馆馆长曾三、前排左七为中央档案馆常务副馆长裴桐、前排左三为档案系系主任吴宝康　1954 年

Памятная фотография аспирантов первого выпуска кафедры архивного дела. Пятый слева в первом ряду - ректор У Юйчжан, четвертый слева в первом ряду – советский специалист Селезнев, шестой слева в первом ряду - начальник Государственного архивного управления и по совместительству директор Центрального Архива Цзэн Сань, седьмой слева в первом ряду - постоянный заместитель директора Центрального Архива Пай Тун, третий слева в первом ряду - декан факультета архивного дела У Баокан　1954 г.

里凡尼切娃，1950年来校，1952年6月离校，给俄文系学员讲授俄文课程。

А.И.Лифаничева, прибыла в университет в 1950 г., покинула в июне 1952 г., вела занятия по русскому языку у преподавателей факультета русского языка

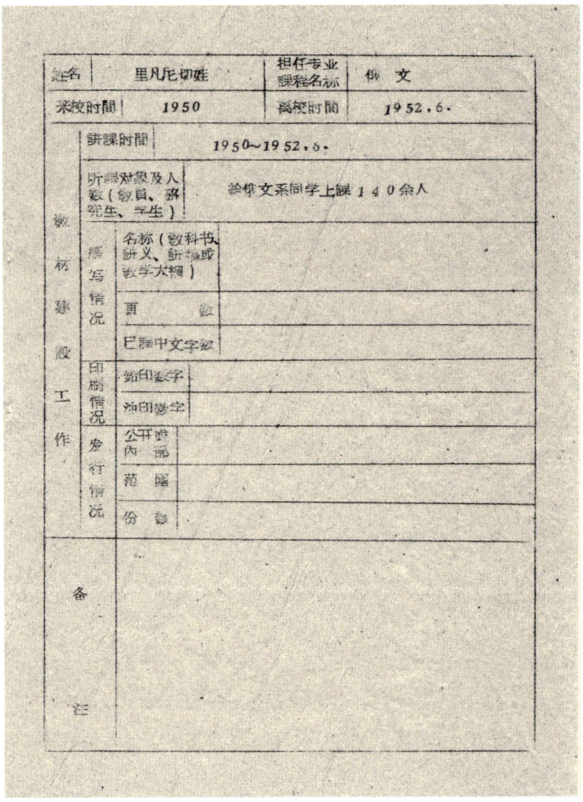

姓名	里凡尼切娃	担任专业课程名称	俄文
来校时間	1950	离校时間	1952.6.

教材编写及其他工作		講課时間	1950～1952.6.
		听講对象及人数（教員、研究生、学生）	給俄文系同学上課140余人
	编写情况	名称（教科书、講义、講稿或教学大綱）	
		頁数	
		已譯中文字数	
	印刷情况	鉛印数字	
		油印数字	
	发行情况	公开或内部	
		范圍	
		份数	
备注			

■ 里凡尼切娃登记表

Регистрационная карточка А.И.Лифаничевой

■ 俄文系 1952 年四期六班欢送里凡尼切娃回国暨毕业纪念合影，二排右五为吴玉章校长，二排右四为胡锡奎副校长，二排左四为苏联顾问菲力波夫，二排右三为苏联专家契维克娃，二排左一为苏联专家里凡尼切娃　1952 年

Выпускная фотография 6-ой группы 4-го выпуска 1952 г. факультета русского языка с советским специалистом А.И.Лифаничевой перед ее отъездом на родину; пятый справа во втором ряду - ректор У Юйчжан, четвертый справа во втором ряду - проректор Ху Сикуй, четвертый слева во втором ряду - советский советник Филиппов, третья справа во втором ряду - советский специалист Т.Н.Чивикова, первая слева во втором ряду – советский специалист А.И.Лифаничева　1952 г.

■ 俄文教研室研究生与苏联专家里凡尼切娃（前坐者）合影 1952 年

Аспиранты кафедры русского языка и советский специалист А.И.Лифаничева (сидит впереди) 1952 г.

■ 吴玉章校长（前排左五）、胡锡奎副校长（前排右四）、苏联顾问菲力波夫（前排左四）、苏联专家契维克娃（前排右三）、里凡尼切娃（前排左二）与俄文教研室研究生毕业合影　1952 年

Ректор У Юйчжан (пятый слева в первом ряду), проректор Ху Сикуй (четвертый справа в первом ряду), советский советник Филиппов (четвертый слева в первом ряду), советские специалисты Т.Н.Чивикова (третья справа в первом ряду)и, А.И.Лифаничева (вторая слева в первом ряду) с аспирантами-выпускниками кафедры русского языка　1952 г.

阿列克谢耶克，1954年3月来校，1956年6月离校，给教员及部分干部讲授俄文课程，编写语法历史等讲义，《语法历史》1955年由时代出版社出版，全国发行。

Алексеенко, прибыла в университет в марте 1954 г., покинула в июне 1956 г., обучала русскому языку преподавателей и кадровых работников. Написала учебное пособие по истории грамматики. Учебник « История грамматики» был выпущен издательством «Эпоха» в 1955 г. и распространялся по всей стране.

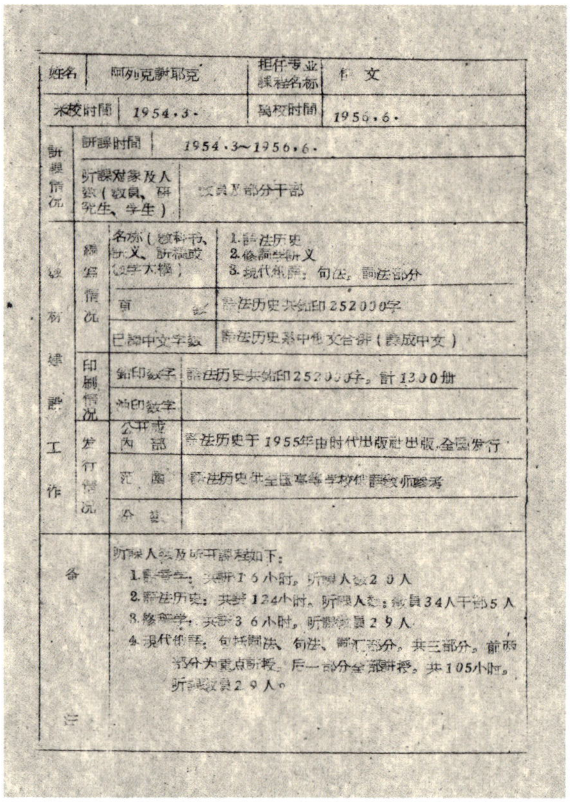

姓名	阿列克谢耶克	担任专业课程名称	俄文
来校时间	1954.3.	离校时间	1956.6.
讲课情况	讲课时间	1954.3～1956.6.	
讲课情况	听课对象及人数（教员、研究生、学生）	教员及部分干部	
教材建设工作 · 编写情况	名称（教科书、讲义、讲稿或教学大纲）	1.语法历史 2.修辞学讲义 3.现代俄语：句法，词法部分	
教材建设工作 · 编写情况	页数	语法历史共铅印252000字	
教材建设工作 · 编写情况	已译中文字数	语法历史系中俄文合讲（译成中文）	
教材建设工作 · 印刷情况	铅印数字	语法历史共铅印252000字，计1300册	
教材建设工作 · 印刷情况	油印数字		
教材建设工作 · 发行情况	公开或内部	语法历史于1955年由时代出版社出版，全国发行	
教材建设工作 · 发行情况	交流	语法历史供全国高等学校俄语教师参考	
教材建设工作 · 发行情况	分发		
备注	听课人数及所开课程如下： 1.[illegible]：共讲16小时，听课人数20人 2.语法历史：共讲124小时，听课人数：教员34人干部5人 3.修辞学：共讲36小时，听讲教员29人 4.现代俄语：包括词法、句法、词汇部分，共三部分。前两部分为重点讲授，后一部分全部讲授，共105小时，听讲教员29人。		

阿列克谢耶克登记表

Регистрационная карточка Алексеенко

■ 俄文教研室欢送苏联专家阿列克谢耶克（前排左九）回国　1956 年

Кафедра русского языка с советским специалистом Алексеенко (девятая слева в первом ряду) перед ее возвращением на родину　1956 г.

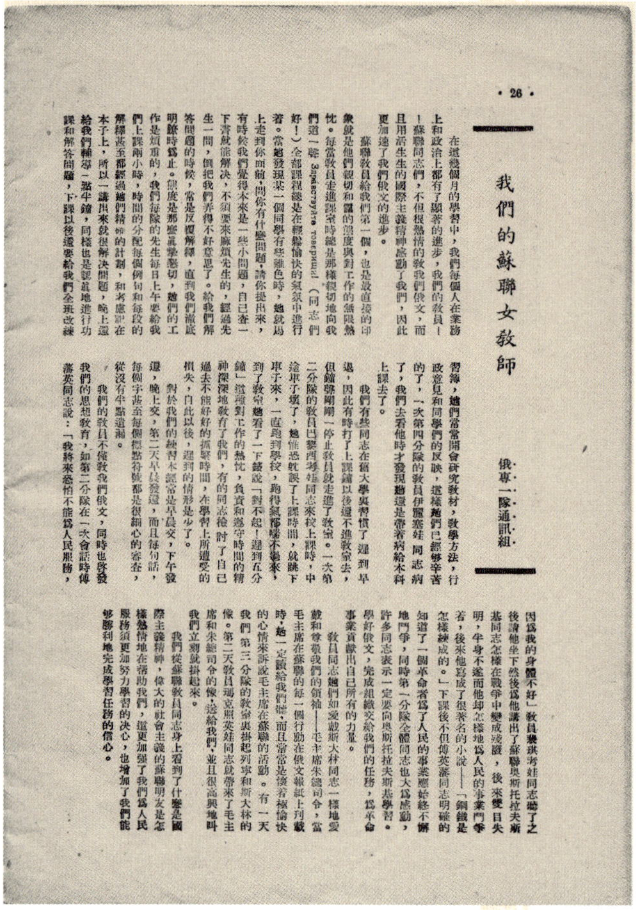

·26·

我們的蘇聯女教師

俄專一隊通訊組

在這幾個月的學習中，我們每個人在業務上和政治上都有了顯著的進步，我們的教員——蘇聯同志們，不但很熱情的教我們俄文，而且用活生生的國際主義精神感動了我們，因此更加速了我們俄文的進步。

蘇聯教員給我們第一個，也是最直接的印象就是他們親切和靄的態度與對工作的無限熱忱。每當教員走進課室時總是那樣親切地向我們道一聲 Здравствуйте товарищи（同志們好！）全部課程總是在輕鬆愉快的氣氛中進行着。當她發現某一個同學有些難色時，她就馬上走到你面前，問你有什麼問題，請你提出來，有時候我們覺得本來是一些小問題，自己查一下書就能解決，不須要來麻煩先生的，經過先生一問，倒把我們弄得不好意思了。給我們解答問題的時候，常是反覆解釋，直到我們徹底明瞭時爲止。態度是那麼眞摯懇切，她們的工作是煩重的，我們每隊的先生每日上午要給我們上課兩小時，時間的分配每個例句和每段的解釋甚至都經過她們精細的計劃，和考慮訂在本子上，所以一講出來就很解決問題，晚上還給我們輔導一點半鐘，同樣也是認眞地進行功課和解答問題，下課以後還要給我們全班改練習簿，她們常常開會研究教材，教學方法，行政意見和同學們的反映，這樣她們已經够辛苦的了，一次第四分隊的教員伊麗塞娃同志病了，我們去看他時才發現她還是帶着病給本科上課去了。

我們有些同志在舊大學裏習慣了遲到早退，因此有時打了上課鐘以後還不進教室去，但鐘聲剛剛一停止教員就走進了教室。一次第二分隊的教員巴黎西考娃同志來校上課時，中途車子壞了，她惟恐耽誤了上課時間，就跳下車子來，一直跑到學校，跑得氣都喘不過來，到了教室她看了一下錶說「對不起！遲到五分鐘」這種對工作的熱忱，負責和遵守時間的精神深深地教育了我們，有的同志檢討了自己過去不能好好的抓緊時間，在學習上所遭受的損失，自此以後，遲到的情形是少了。

對於我們的練習本經常是早晨交，下午發還，晚上交，第二天早晨發還，而且每句話，每個字甚至每個標點符號都是很細心的審查，從沒有半點遺漏。

我們的教員不僅教我們俄文，同時也啟發我們的思想教育，如第二分隊在一次會話時傅蕭英同志說：「我將來恐怕不能爲人民服務，因爲我的身體不好」教員斐琪考娃同志聽了之後請他坐下然後爲他講出了蘇聯奧斯托拉夫斯基同志怎樣在戰爭中變成殘廢，後來雙目失明，半身不遂而他却怎樣地爲人民的事業鬥爭着，後來他寫成了很著名的小說——「鋼鐵是怎樣練成的。」下課後不但傅英蕭同志明確的知道了一個革命者爲了人民的事業應始終不懈地鬥爭，同時第一分隊全體同志也大爲感動，許多同志表示一定要向奧斯托拉夫斯基學習。學好俄文，完成組織交給我們的任務，爲革命事業貢獻出自己所有的力量。

教員同志她們如愛戴斯大林同志一樣地愛戴和尊敬我們的領袖——毛主席朱總司令，當毛主席在蘇聯的每一個行動在俄文報紙上刊載時，她一定讀給我們聽，而且常常是懷着極愉快的心情來訴說毛主席在蘇聯的活動。有一天我們第三分隊的教室裏掛起列寧和斯大林的像。第二天教員瑪克照英娃同志就帶來了毛主席和朱總司令的像，送給我們，並且很高興地叫我們立刻就掛起來。

我們從蘇聯教員同志身上看到了什麼是國際主義精神，偉大的社會主義的蘇聯朋友是怎樣熱情地在幫助我們，這更加强了我們爲人民服務須更加努力學習的決心，也增加了我們能够勝利地完成學習任務的信心。

■ 俄专（即俄文专修科）一队通讯组在《人民大学校刊》创刊号（1950 年 5 月 1 日出版）发表的文章《我们的苏联女教师》

Статья группы корреспондентов курсов русского языка «Наши советские преподавательницы», опубликованная в «Газете Народного Университета Китая» 1 мая 1950 г.

■ 阿列克谢耶克送给俄文系教员宋雪的签名照片

Фотография с подписью на память, подаренная Алексеенко преподавателю факультета русского языка Сун Сюэ

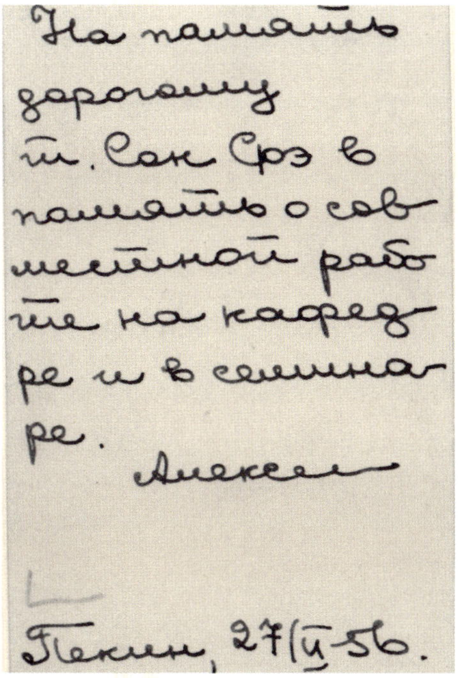

文字内容为：

“为纪念共同在俄文教研室工作，亲爱的宋雪同志留念。阿列克谢耶克”

Надпись на фотографии: «На память дорогому т. Сон Сюэ в память о совместной работе на кафедре и в семинаре. Алексеенко.....Пекин, 27 июня 1956 г.

■ 照片背面

Обратная сторона фотографии

玛克西莫娃，1950年1月来校，1953年6月离校，给俄文系本科生、研究生讲授俄文课程，编写教学法讲义，内部发行。

М.К.Максимова, прибыла в университет в январе 1950 г., покинула в июне 1953 г., вела занятия по русскому языку у студентов и аспирантов факультета русского языка. Написала учебное пособие по методике преподавания русского языка для внутреннего пользования.

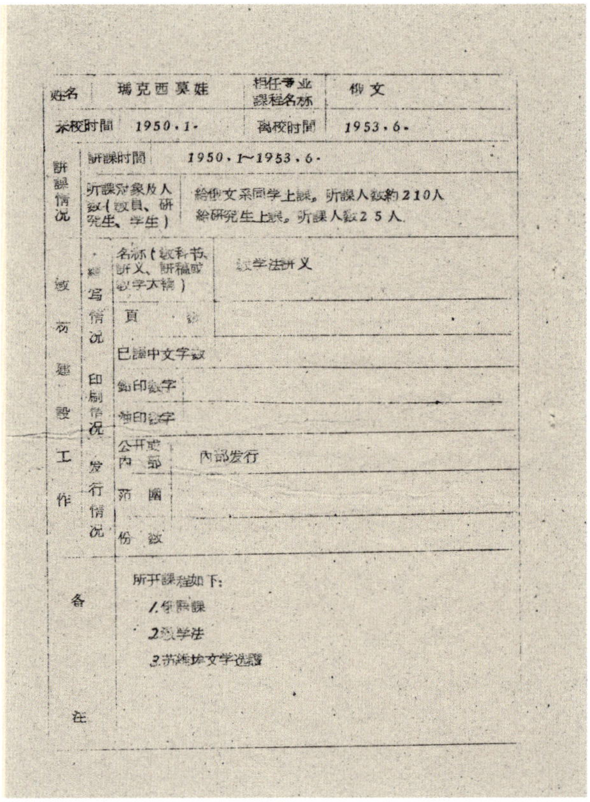

姓名	瑪克西莫娃	担任专业課程名称	俄文
来校时間	1950.1.	离校时間	1953.6.
讲課情况	讲課时間	1950.1~1953.6.	
	听課对象及人数（教員、研究生、学生）	給俄文系同学上課，听課人数約210人 給研究生上課，听課人数25人	
教材建設工作	編写情况	名称（教科书、讲义、讲稿或教学大綱）	教学法讲义
		頁数	
		已譯中文字数	
	印刷情况	鉛印数字	
		油印数字	
	发行情况	公开或内部	内部发行
		范圍	
		份数	
备注	所开課程如下： 1.俄語課 2.教学法 3.苏維埃文学选讀		

■ 玛克西莫娃登记表

Регистрационная карточка М.К.Максимовой

■ 苏联专家玛克西莫娃与学员们在一起　1950 年

Советский специалист М.К.Максимова с китайскими преподавателями　1950 г.

■ 玛克西莫娃个人签名照

Фотография М.К.Максимовой с ее личной подписью

■ 玛克西莫娃个人签名

Личная подпись М.К.Максимовой на обратной стороне фотографии

■ 苏联专家玛克西莫娃（右三）在向学员解释问题

Советский специалист М.К.Максимова (третья справа) отвечает на вопросы китайских преподавателей

俄文教研室教员在编制讲义　1951 年

Преподаватели кафедры русского языка составляют конспекты лекций 1951 г.

■ 俄文教研室教员在备课，左二为苏联专家玛克西莫娃

Преподаватели кафедры русского языка готовятся к занятиям, вторая слева - советский специалист М.К.Максимова

契维克娃，1950 年来校，1954 年 6 月离校，给研究生讲授俄文课程，编写语音学讲义、词汇学讲义，词汇学讲义公开发行 800 册，语音学讲义内部发行，供学校研究生使用。

Т.Н.Чивикова, прибыла в университет в 1950 г., покинула в июне 1954 г., вела занятия по русскому языку у аспирантов. Написала учебники «Фонетика» и «Лексикология», последний был официально выпущен в количестве 800 экземпляров, учебник по фонетике был предназначен аспирантам университета для внутреннего пользования.

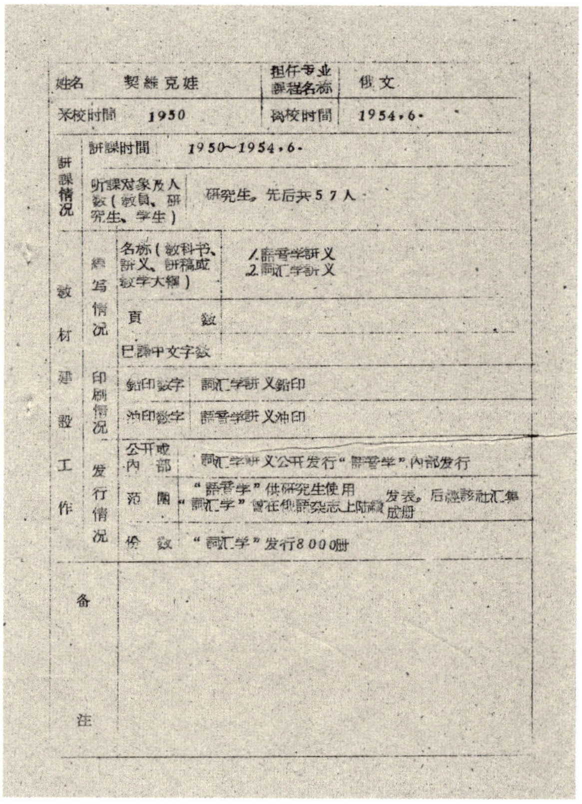

姓名	契維克娃	担任专业課程名称	俄文
来校时間	1950	离校时間	1954.6.
講課情况	講課时間	1950~1954.6.	
講課情况	听課对象及人数（教員、研究生、学生）	研究生，先后共 5 7 人	
教材建設工作	編写情况	名称（教科书、講义、講稿或教学大綱）	1.語音学講义 2.詞汇学講义
教材建設工作	編写情况	頁数	
教材建設工作	編写情况	已譯中文字数	
教材建設工作	印刷情况	鉛印数字	詞汇学講义鉛印
教材建設工作	印刷情况	油印数字	語音学講义油印
教材建設工作	发行情况	公开或内部	詞汇学講义公开发行"語音学"内部发行
教材建設工作	发行情况	范圍	"語音学"供研究生使用 "詞汇学"曾在俄語杂志上陆續发表，后經該社汇集成册
教材建設工作	发行情况	份数	"詞汇学"发行8 0 0册
备注			

■ 契维克娃登记表

Регистрационная карточка Т.Н.Чивиковой

■ 苏联专家契维克娃（前排左三）与研究生在一起　1951 年

Советский специалист Т.Н.Чивикова (третья слева в первом ряду) с аспирантами　1951 г.

■ 契维克娃个人照

Фотография Т.Н.Чивиковой

■ 苏联专家契维克娃给学员们上课　1952 年

Советский специалист Т.Н.Чивикова ведет занятия у студентов кафедры русского языка　1952 г.

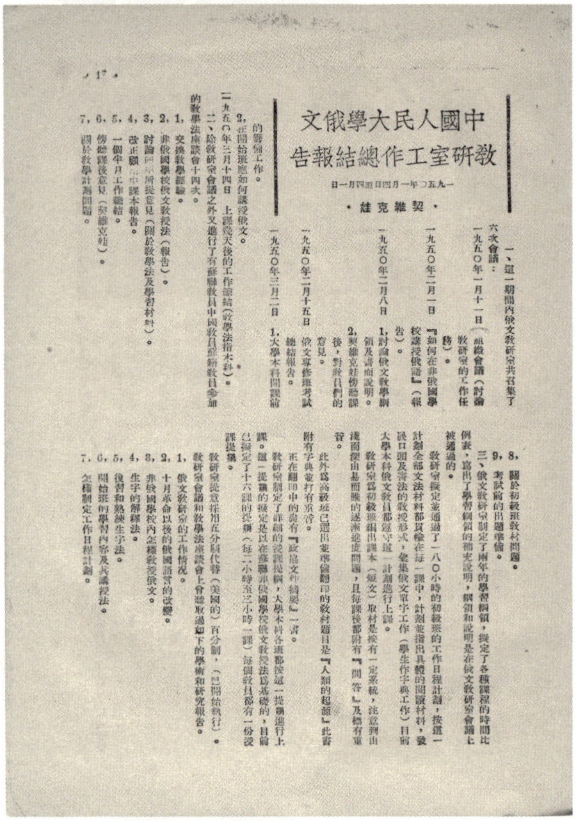

中國人民大學俄文教研室工作總結報告

一九五〇年一月四日至四月一日

· 契維克娃 ·

一、這一期間內俄文教研室共召集了六次會議：

一九五〇年一月十一日 組織會議（討論教研室的工作任務）。

一九五〇年二月一日 『如何在非俄國學校講授俄語』（報告）。

一九五〇年二月八日 1，討論俄文教學綱領及說明。2，契維克娃傍聽課後，對教員們的意見。

一九五〇年二月十五日 俄文專修班考試總結報告。

一九五〇年三月二日 1，大學本科開課前的籌備工作。2，在開始班應如何講授俄文。

一九五〇年三月十四日 上課幾天後的工作總結（教學法指本科）。

二、除教研室會議之外又進行了有蘇聯教員中國教員和新教員參加的教學法座談會十四次。

1，交換教學經驗。
2，非俄國學校俄文教授法（報告）。
3，討論同學所提意見（關於教學法及學習材料）。
4，改正顧[illegible]課本報告。
5，一個半月工作總結。
6，傍聽課後意見（契維克娃）。
7，關於教學計劃問題。
8，關於初級班教材問題。
9，考試前的出題準備。

三、俄文教研室制定了兩年的學習綱領，擬定了各種課程的時間比例表，寫出了學習綱領的補充說明，綱領和說明是在俄文教研室會議上被通過的。

教研室擬定並通過了一八〇小時的初級班的工作日程計劃，按這一計劃全部文法材料都貫輸在每一課中，計劃並指出具體的閱讀材料，發展口頭及書法的教授形式，彙集俄文單字工作（學生作字典工作）目前大學本科俄文教員都遵守這一計劃進行上課。

教研室爲初級班編出課本（短文）取材是按有一定系統，注意到由淺而深由易而難的逐漸進度問題，且每課後都附有『問答』及標有重音。

此外爲高級班已選出並準備翻印的教材題目是『人類的起源』此書附有字典並打有重音。

正在翻印中的尙有『政協文件摘要』一書。

教研室制定了詳細的授課提綱，大學本科各班都按這一提綱進行上課。這一提綱的擬定是以在蘇聯非俄國學校俄文教授法爲基礎的，目前已擬定了十六課的提綱（每二小時至三小時一課）每個教員都有一份授課提綱。

教研室提意採用五分制代替（美國的）百分制，（已開始執行）。

教研室會議和教學法座談會上曾聽取過如下的學術和研究報告。

1，俄文教研室的工作情況。
2，十月革命以後的俄國語言的改變。
3，非俄國學校內怎樣教授俄文。
4，生字的解釋法。
5，復習和熟練生字法。
6，開始班的學習內容及其講授法。
7，怎樣制定工作日程計劃。

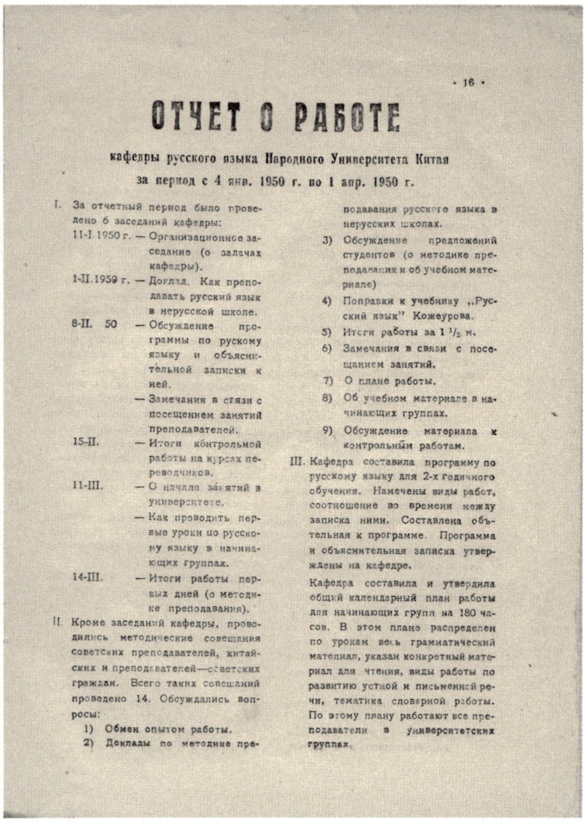

ОТЧЕТ О РАБОТЕ

кафедры русского языка Народного Университета Китая

за период с 4 янв. 1950 г. по 1 апр. 1950 г.

I. За отчетный период было проведено 6 заседаний кафедры:

11-I.1950 г. — Организационное заседание (о задачах кафедры).

1-II.1950 г. — Доклад. Как преподавать русский язык в нерусской школе.

8-II. 50 — Обсуждение программы по рускому языку и объяснительной записки к ней.

— Замечания в связи с посещением занятий преподавателей.

15-II. — Итоги контрольной работы на курсах переводчиков.

11-III. — О начале занятий в университете.

— Как проводить первые уроки по русскому языку в начинающих группах.

14-III. — Итоги работы первых дней (о методике преподавания).

II. Кроме заседаний кафедры, проводились методические совещания советских преподавателей, китайских и преподавателей—советских граждан. Всего таких совещаний проведено 14. Обсуждались вопросы:

1) Обмен опытом работы.
2) Доклады по методике преподавания русского языка в нерусских школах.
3) Обсуждение предложений студентов (о методике преподавания и об учебном материале)
4) Поправки к учебнику „Руский язык" Кожеурова.
5) Итоги работы за 1 $^{1}/_{2}$ м.
6) Замечания в связи с посещанием занятий.
7) О плане работы.
8) Об учебном материале в начинающих группах.
9) Обсуждение материала к контрольным работам.

III. Кафедра составила программу по русскому языку для 2-х годичного обучения. Намечены виды работ, соотношение во времени между записка ними. Составлена объ-тельная к программе. Программа и объяснительная записка утверждены на кафедре.

Кафедра составила и утвердила общий календарный план работы для начинающих групп на 180 часов. В этом плане распределен по урокам весь граматический мателиал, указан конкретный материал для чтения, виды работы по развитию устной и письменной речи, тематика словарной работы. По этому плану работают все преподаватели в университетских группах.

■ 苏联专家契维克娃在《人民大学校刊》创刊号（1950 年 5 月 1 日出版）发表的文章《中国人民大学俄文教研室工作总结报告》及俄文原文

Статья советского специалиста Чивиковой «Отчет о работе кафедры русского языка Народного Университета Китая», опубликованная в «Газете Народного Университета Китая» 1 мая 1950 г. и оригинал статьи на русском языке

1952 年
1952 г.

1951 年
1951 г.

1954 年
1954 г.

■ 苏联专家契维克娃在给俄文教研室研究生上课

Советский специалист Т.Н.Чивикова ведет занятия у студентов кафедры русского языка

■ 成仿吾副校长（右二）、俄文系系主任罗俊才（左二）与俄文系苏联专家合影

Проректор Чэн Фанъу (второй справа), декан факультета русского языка Ло Цзюньцай (второй слева) с советскими специалистами факультета русского языка

康·格·鲁柯夫斯柯依，1951年9月来校，1953年6月离校，给学校教员、研究生讲授农业经济，编写农业经济讲义等，翻译为中文逾51万字，内部发行。

К.Г.Луговский, прибыл в университет в сентябре 1951 г., покинул в июне 1953 г., читал преподавателям и аспирантам лекции по экономике сельского хозяйства. Написал учебник по экономике сельского хозяйства, объем которого в переводе на китайский язык составил 510 тысяч знаков. Учебник был выпущен в университете для внутреннего пользования.

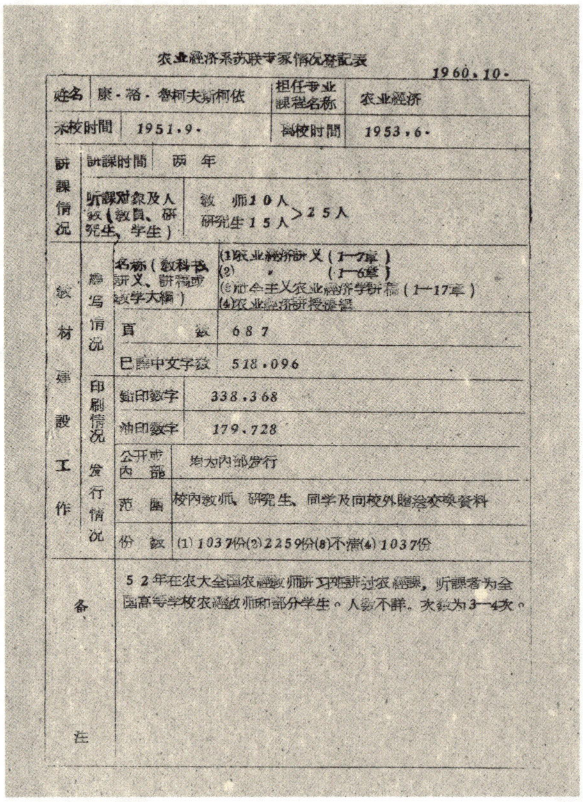

农业經济系苏联专家情况登記表

1960.10.

姓名	康·格·鲁柯夫斯柯依	担任专业課程名称	农业經济
来校时間	1951.9.	离校时間	1953.6.
講課情况	講課时間	两年	
講課情况	听課对象及人数（教員、研究生、学生）	教师10人 研究生15人 >25人	
教材建設工作	編写情况	名称（教科书、講义、講稿或教学大綱）	(1)农业經济講义（1—7章） (2) 〃 （1—6章） (3)社会主义农业經济学講稿（1—17章） (4)农业經济講授提綱
教材建設工作	編写情况	頁数	687
教材建設工作	編写情况	已譯中文字数	518,096
教材建設工作	印刷情况	鉛印数字	338,368
教材建設工作	印刷情况	油印数字	179,728
教材建設工作	发行情况	公开或内部	均为内部发行
教材建設工作	发行情况	范圍	校内教师、研究生、同学及向校外贈送交換資料
教材建設工作	发行情况	份数	(1)1037份(2)2259份(3)不清(4)1037份
备注	52年在农大全国农經教师講习班講过农經課，听課者为全国高等学校农經教师和部分学生。人数不詳。次数为3—4次。		

■ 康·格·鲁柯夫斯柯依登记表

Регистрационная карточка К.Г.Луговского

■ 学校教员与苏联专家康·格·鲁柯夫斯柯依（后排左五）合影　1953 年

Преподаватели университета с советским специалистом К.Г.Луговским (пятый слева во втором ряду)　1953 г.

■ 计划系教职员与苏联专家康·格·鲁柯夫斯柯依（二排左五）合影　1952 年

Преподаватели факультета планирования с советским специалистом К.Г.Луговским (пятый слева во втором ряду)　1952 г.

杜宾诺夫，1953年12月来校，1955年6月离校，给学校教员、研究生讲授农业经济，编写社会主义农业经济学初稿、农业经济讲义，翻译成中文55万字，内部发行。

Дубинов, прибыл в университет в декабре 1953 г., покинул в июне 1955 г., читал преподавателям и аспирантам университета лекции по экономике сельского хозяйства. Написал учебные пособия «Основы социалистической экономики сельского хозяйства», «Лекции по экономике сельского хозяйства», объем которых в переводе на китайский язык составил 550 тысяч знаков. Учебники были выпущены в университете для внутреннего пользования.

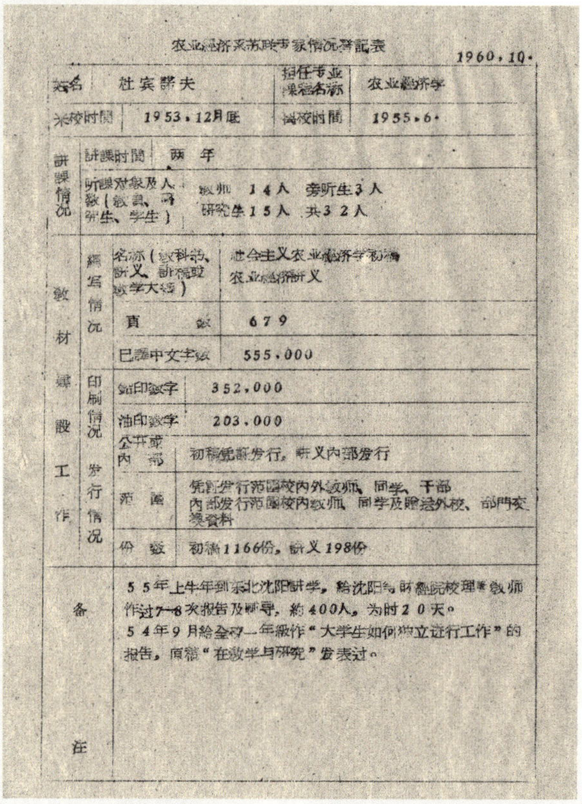

农业经济系苏联专家情况登記表

1960，10.

姓名	杜宾諾夫	担任专业课程名称	农业经济学
来校时間	1953，12月底	离校时間	1955.6.
講課情况	講課时間	两年	
	听課对象及人数（教員、研究生、学生）	教师14人 旁听生3人 研究生15人 共32人	
教材編譯工作	編写情况	名称（教科书、講义、講稿或教学大綱）	社会主义农业经济学初稿 农业经济講义
		頁数	679
		已譯中文字数	555,000
	印刷情况	鉛印数字	352,000
		油印数字	203,000
	发行情况	公开或内部	初稿经許发行，講义内部发行
		范圍	凭証发行范圍校内外教师、同学、干部 内部发行范圍校内教师、同学及贈送外校、部門交換資料
		份数	初稿1166份，講义198份
备注	55年上半年到东北沈阳講学，給沈阳鈔、财经院校理事教师作过7—8次报告及輔导，約400人，为时20天。 54年9月給全系一年級作"大学生如何独立进行工作"的报告，原稿"在教学与研究"发表过。		

■ 杜宾诺夫登记表

Регистрационная карточка Дубинова

■ 学校教员、研究生与苏联专家杜宾诺夫（二排左八）合影

Преподаватели и аспиранты университета с советским специалистом Дубиновым (восьмой слева во втором ряду)

■ 苏联专家在讲课　1951 年

Советский специалист читает лекцию　1951 г.

■ 苏联专家在工作　1950 年

Советский специалист за работой　1950 г.

■ 苏联专家与教员讨论问题　1951 年

Советский специалист обсуждает вопросы с преподавателями　1951 г.

■ 苏联专家在给学员们上课　1954 年

Советский специалист ведет занятие у преподавателей　1954 г.

苏联专家指导学校资料工作　1951 年

Советский специалист руководит работой по подготовке учебных материалов　1951 г.

苏联专家与教员讨论问题　1951 年

Советский специалист обсуждает вопросы с преподавателями　1951 г.

■ 苏联专家在海边度假　1950 年

Советские специалисты отдыхают на море　1950 г.

■ 中国人民大学学生在街头布置《中苏友好月——苏联建设图片展览》 1952 年

Студенты Народного Университета Китая устраивают на улице «Месячник советско-китайской дружбы – Выставка фотографий о строительстве СССР» 1952г.

■ 吴玉章校长（前排左三）欢迎以米哈依洛夫为首的苏联青年代表团　1950 年

Ректор У Юйчжан (третий слева в первом ряду) приветствует главу делегации советской молодежи Михайлова　1950 г.

20 世纪 50 年代在中国人民大学工作的部分苏联专家

Часть советских специалистов, находившихся на работе в Народном университете Китая в 50-х гг. 20 века

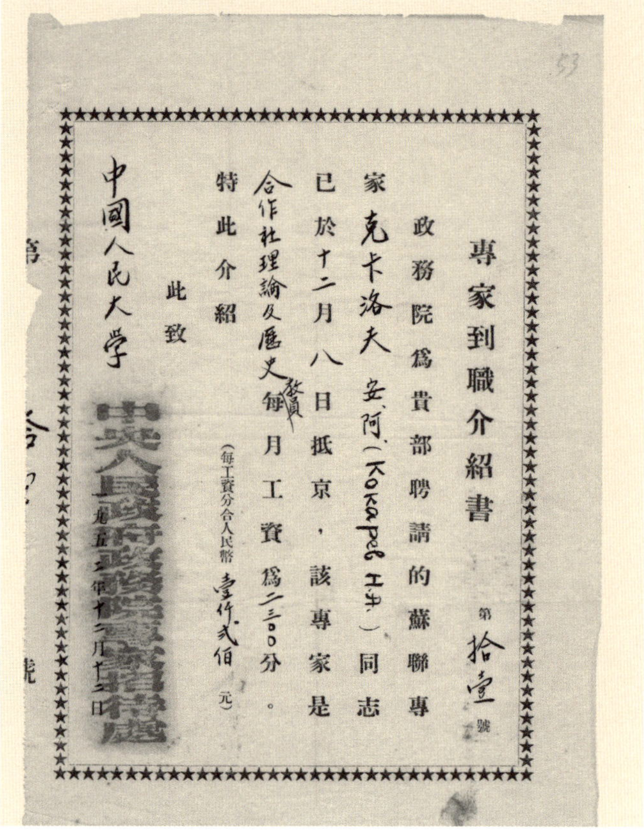

第 拾壹 號

專家到職介紹書

政務院為貴部聘請的蘇聯專家克卡洛夫 安.阿.（Кокарев Н.А.）同志已於十二月八日抵京，該專家是合作社理論及歷史教員每月工資為二三〇〇分。

（每工資分合人民幣 壹仟貳佰 元）

特此介紹

此致

中國人民大学

中央人民政府政務院專家招待處

一九五二年十二月十二日

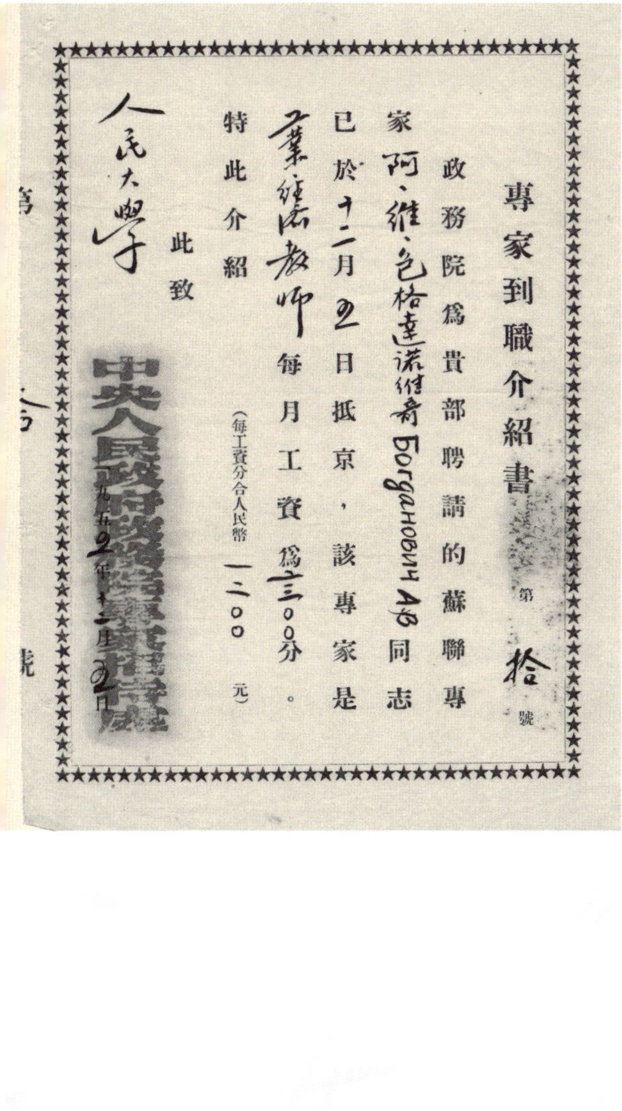

專家到職介紹書 第 拾 號

政務院爲貴部聘請的蘇聯專家阿、維、包格達諾維奇 Богданович А.В 同志已於十二月2日抵京，該專家是葉維諾教师每月工資爲三〇〇分。

（每工資分合人民幣 一二〇〇 元）

特此介紹

此致

人民大學

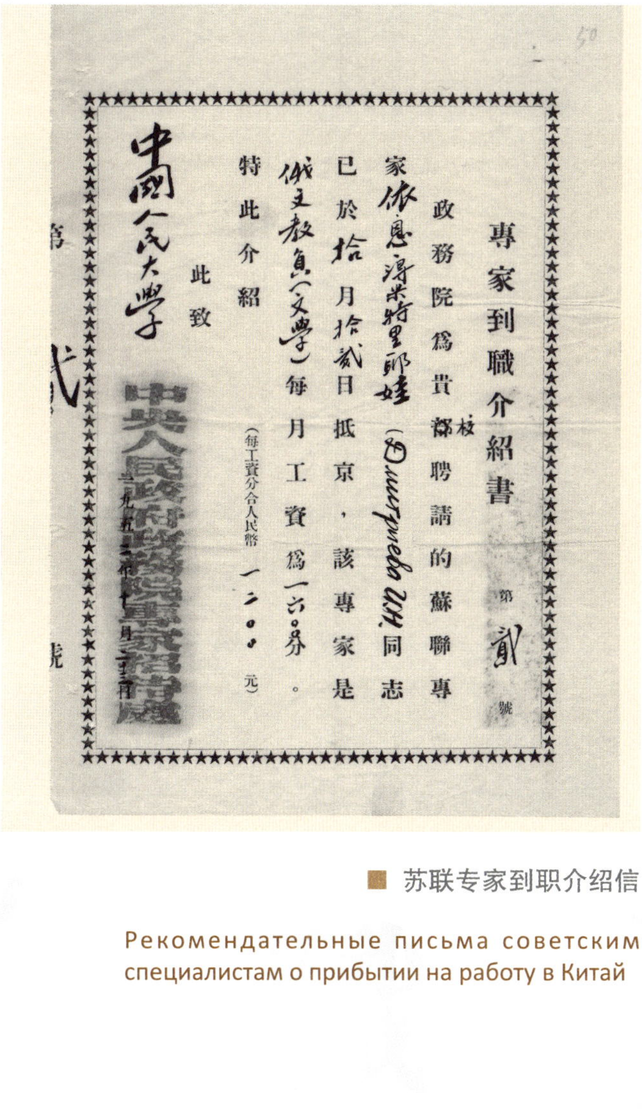

專家到職介紹書 第 貳 號

政務院爲貴校聘請的蘇聯專家依恩滑米特里耶娃（Дмитриева И.Н.）同志已於拾月拾貳日抵京，該專家是俄文教員（文學）每月工資爲一六〇分。

（每工資分合人民幣 一二〇〇 元）

特此介紹

此致

中國人民大學

苏联专家到职介绍信

Рекомендательные письма советским специалистам о прибытии на работу в Китай

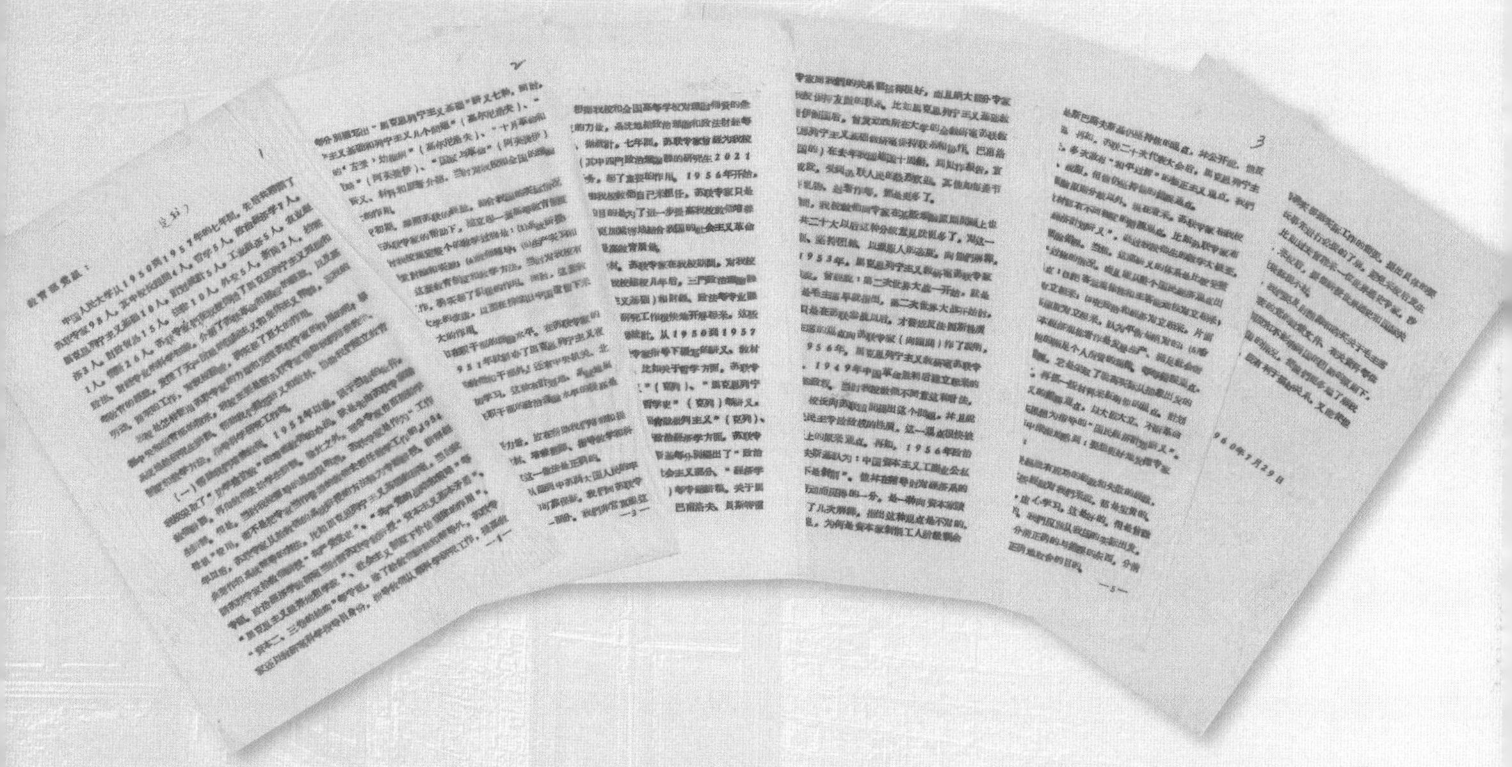

■ 学校给教育部党组报送的《关于 1950–1957 年聘请苏联专家工作的报告》（档号：1960–DQ11–DB–5）

Доклад Народного университета Китая партийной организации Министерства образования «О приглашении на работу советских специалистов в 1950-1957 гг.» (Архивный номер: 1960-DQ11-DB-5)

Советские специалисты в Народном университете Китая в 50-е годы XX века

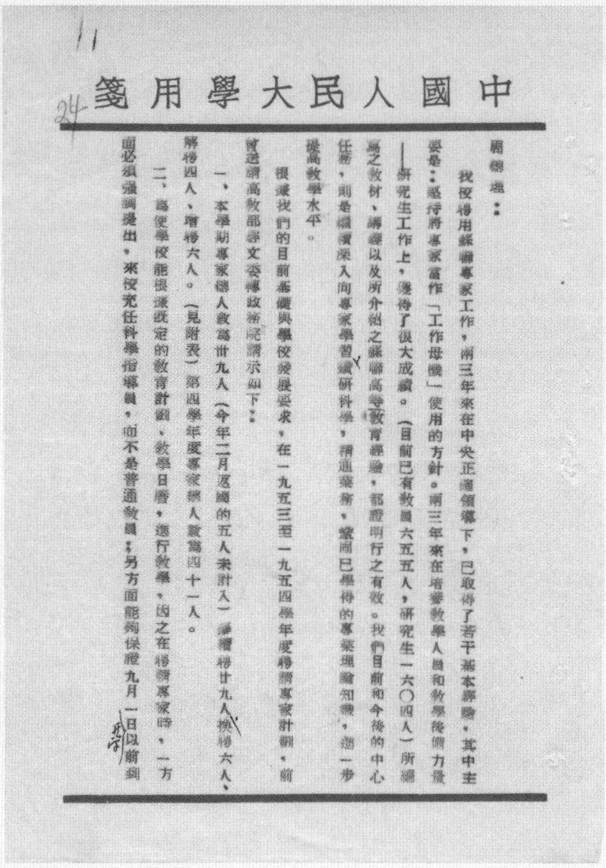

中國人民大學用箋

周總理：

我校聘用蘇聯專家工作，兩三年來在中央正確領導下，已取得了若干基本經驗，其中主要是：堅持將專家當作「工作母機」使用的方針。兩三年來在培養教學人員和教學後備力量——研究生工作上，獲得了很大成績。（目前已有教員六五五人，研究生一六〇四人）所編寫之教材、講稿以及所介紹之蘇聯高等教育經驗，都證明行之有效。我們目前和今後的中心任務，則是繼續深入向專家學習鑽研科學，精通業務，鞏固已學得的專業理論知識，進一步提高教學水平。

根據我們的目前基礎與學校發展要求，在一九五三至一九五四學年度聘請專家計劃，前曾送請高教部暨文委轉政務院請示如下：

一、本學期專家總人數為卅九人（今年二月返國的五人未計入）擬續聘廿九人，換聘六人、解聘四人、增聘六人。（見附表）第四學年度專家總人數為四十一人。

二、為使學校能根據既定的教育計劃、教學日曆，進行教學，因之在聘請專家時，一方面必須強調提出，來校充任科學指導員，而不是普通教員；另方面能夠保證九月一日以前到

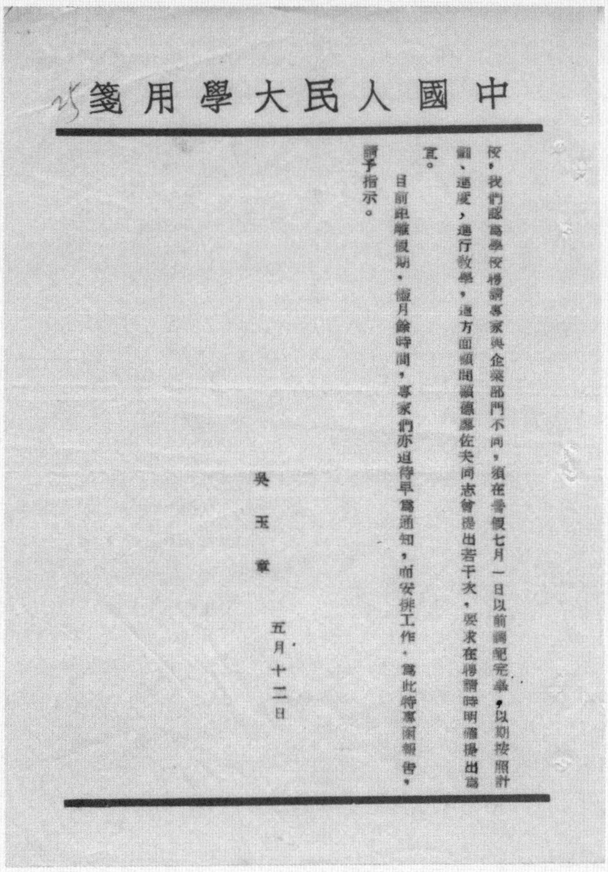

中國人民大學用箋

校，我們感為學校聘請專家與企業部門不同，須在暑假七月一日以前調配完畢，以期按照計劃、進度，進行教學，這方面顧問顧盧塞佐夫同志曾提出若干次，要求在聘請時明確提出為宜。

目前距離假期，僅月餘時間，專家們亦迫待早為通知，而安排工作，為此特專函報告，請予指示。

吳玉章

五月十二日

■ 吴玉章校长1953年5月12日关于聘请苏联专家问题给周恩来总理的报告（档号：1953–DQ11–DB–13）

Доклад первого ректора Народного университета У Юйчжана премьеру Чжоу Эньлаю о приглашении на работу советских специалистов от 12 мая 1953 года. Первая страница (Архивный номер: 1953-DQ11-DB-13)

后　记

上个世纪50年代苏联专家相关档案资料，数量大，种类多，是中国人民大学档案馆极富特色的馆藏资源。利用这些馆藏资源，编辑这本画册的过程，也是一段回望和寻访历史的过程，越来越多的人，或是因为难以忘怀的青春记忆，或是为那段激情岁月所感召，加入其中。

特别感谢陪我们一起追忆这段岁月的老先生们，他们均已进入耄耋之年，但都以极大的热情尽己所能地向我们提供帮助，还拿出了自己珍藏的照片供我们选用，清晰的记忆、深情的讲述、严谨的态度都让我们感慨不已。他们是国际关系学院黄良平老师，外国语学院宋雪老师，哲学院钟宇人老师，劳动人事学院虞祖尧老师，信息资源管理学院韩玉梅老师，法学院赵中孚老师、孙国华老师，经济学院胡钧老师，商学院王庆成老师、李占祥老师、杨少中老师。在此，真诚向他们致谢。

学校相关单位也给予了大力支持，法学院、国际关系学院、信息资源管理学院提供了部分珍贵老照片。外国语学院俄语系俄罗斯外教冉娜·卡达里斯卡娅老师承担了俄文翻译工作。中国人民大学出版社综合编辑室的编辑，专业又敬业，保证了画册的编辑质量。

张建明常务副书记、贺耀敏副校长作为档案馆前后两任馆长对画册编辑出版提出了明确指导意见，并不断给予支持和鼓励。张世林、田永香、张萍、任凤仙、刘红静、胡玲玲、高增等同志承担了前期部分档案利用、资料整理工作，体现了档案馆的团队协作精神。

谨以此书献给中国人民大学八十华诞！

编者

Советские специалисты в Народном университете Китая в 50-е годы XX века

Послесловие

Архив Народного univеритета Китая располагает многочисленными, разнообразными и исключительно богатыми архивными материалами о советских специалистах 50-х годов прошлого века. Работа по составлению фотоальбома на основе этих материалов стала взгядом в прошлое, обращением к истории. Многие пожилые люди под влиянием незабываемых впечатлений молодости, помня энтузиазм и обаяние того далекого времени, приняли активное участие в этой работе.

Мы выражаем нашу особую признательность нашим старым товарищам, которые помогали нам вспоминать события прошлых лет. Несмотря на преклонный возраст они с удивительным энтузиазмом делали все возможное, чтобы помочь нашей работе. Их готовность предоставить нам сохранившиеся у них старые фотографии, ясные и подробные воспоминания, эмоциональные рассказы о прошлом, серьезное отношение к делу тронули нас до глубины души. Мы искренне благодарим преподавателей Хуан Ляньпин (Институт международных отношений), Сун Сюэ (Институт иностранных языков), Чжун Юйжэнь (Институт философии), Юй Цзуяо (Институт кадров и трудовых ресурсов), Хань Юймэй (Институт управления информационными ресурсами), Чжао Чжунфу, Сунь Гохуа (Институт правоведения), Ху Цзюнь (Институт экономики), Ван Цинчэн, Ли Чжансян, Ян Шаочжун (Институт торговли).

Соответствующие организации университета также оказали нам большую поддержку: Институт правоведения, Институт международных отношений, Институт управления информационными ресурсами предоставили нам часть ценных фотоматериалов. Преподаватель из России Ж.Ц.Гатальская из Института иностранных языков выполнила перевод на русский язык. Редактор общего редакционного отдела издательства Народного универнситета Китая

Ю Цзинье обеспечил высокое качество данного издания.

Заместитель секретаря Постояного комитета Чжан Цзяньмин и проректор университета Хэ Яо, которые прежде в разные годы являлись директорами Архива, непрерывно оказывали поддержку и выражали одобрение данной работе, давали четкие указания и высказывали свое мнение по составлению и изданию данного фотоальбома. Сотрудники Архива Чжан Шилинь,Тянь Юнсян, Чжан Пин, Жэнь Фэнсянь, Лю Хунцзин, Ху Линлин, Гао Цзэн взяли на себя ответственность за использование и систематизирование старых архивных материалов, продемонстрировав дух сотрудничества и кооперирования всего коллектива Архива.

С почтение посвящаем данное издание 80-й годовщине Народного университета Китая!

Редактор

图书在版编目（CIP）数据

20世纪50年代苏联专家在中国人民大学：俄文/中国人民大学档案馆编.—北京：中国人民大学出版社，2017.7

ISBN 978-7-300-23990-3

Ⅰ.①2… Ⅱ.①中… Ⅲ.①中苏关系—史料—俄文②中国人民大学—校史—史料—俄文 Ⅳ.①D822.351.2②G649.281

中国版本图书馆CIP数据核字（2017）第152162号

20世纪50年代苏联专家在中国人民大学

中国人民大学档案馆　编

20 Shiji 50 Niandai Sulian Zhuanjia zai Zhongguo Renmin Daxue

出版发行	中国人民大学出版社		
社　址	北京中关村大街31号	邮政编码	100080
电　话	010-62511242（总编室）		010-62511770（质管部）
	010-82501766（邮购部）		010-62514148（门市部）
	010-62515195（发行公司）		010-62515275（盗版举报）
网　址	http:www.crup.com.cn		
	http:www.ttrnet.com（人大教研网）		
经　销	新华书店		
印　刷	北京华联印刷有限公司		
规　格	210mm×285mm　16开本	版　次	2017年7月第1版
印　张	10 插页2	印　次	2017年7月第1次印刷
字　数	103 000	定　价	148.00元